荻原博子のグレート老後

人生100年時代の節約術

荻原博子

毎日新聞出版

はじめに

老後を豊かに、50代から始める貯蓄術

みなさんは、これからどんな時代が来ると思いますか？

2020年の東京五輪までは日本の景気や株価は、ほぼ横ばいで推移するでしょう。景気については、政府がメンツにかけて力業で一定水準を維持するでしょう。ただ、オリンピックを終えた国は、大盤振る舞いのツケで、必ず不況に陥っています。巨大公共投資や雇用がなくなるからです。

日本も例外ではありません。東京五輪後はズドンと景気が落ち込んで、「家計崩壊」が起きかねません。

そんな中、「将来のために投資を」というような言葉を耳にします。けれど「投資をしないと、将来が不安」という言葉に踊らされると、大負けする人が増えるかもしれません。確かに、投資すれば元金を大きく増やすこともできるでしょう。けれど一方で、減るリスクもあるのが投資です。

まず認識しなければいけないのは、**今はデフレ**だということ。**デフレの時に、投資よりも貯金よりも真っ先に手をつけなければいけないのは、借金の返済です。**これがなにより有効な資産保持の対策です。

一般的なサラリーマン家庭だと、50歳の時点で貯蓄額と負債額がプラス・マイナス・ゼロなら、勝ち組と言えるでしょう。ただし、これはあくまでも理想型。まだまだ借金が残っているという人もがっかりせず、借金を減らすことから取り組みましょう。そして、少しでも早く家計の資産をプラス・マイナス・ゼロの方向に近づけることが、勝ち組への近道です。

借金には、住宅ローンも含みます。マイナス金利の今こそ、低金利ローンに借り換えたり、余裕資金を繰り上げ返済に回し、借金の少ない強い家計をつくりましょう。

借金返済とともに家計防衛のために今すぐやるべきことは、ありきたりですが、まずはムダを「削る」ことです。家計を圧迫するスマホなどの通信費、光熱費、生命保険料など、見直せることはいくつもあります。2020年以降に訪れる大不況時代に備えるためには、賢い節約術を身につけておくことが必要です。

高度成長期のような右肩上がりは望めない今の時代では、お金に対する意識や生活スタイルを大胆に変えることが大切です。つまり「発想の転換」が必要なのです。バブルを経験した〝消費好き〟の50代の人たちこそ変わらなければなりません。**消費以外に楽しみを見いだし、それによって豊かさを感じられるようになる。お金をかけず充実した人生を送る方法はいくらでもあります。**

例えば、野菜づくりを趣味にするのはどうでしょう。楽しみながら新鮮な野菜を手に入れることができる、まさに一石二鳥。そこで仲間ができれば一石三鳥ではないでしょうか。

本書では暮らしのムダを省き、借金を減らす。さらに貯蓄を増やす方法を紹介しています。少ないお金で豊かに暮らす方法は、実はいくらでもあるのです。

今からでもすぐに始められる節約術をしっかりと身につけ、楽しく豊かな老後を送りましょう。

本書は、週刊「サンデー毎日」に連載している「幸せな老後への一歩」をもとに、新たに書き下ろした原稿を加えたものです。制作に当たっては、毎日新聞出版図書第二編集部の山口敦雄さんと峯晴子さんにお世話になりました。心から感謝いたします。

2018年2月

経済ジャーナリスト　荻原博子

荻原博子のグレート老後 人生100年時代の節約術 目次

第1章 「大増税時代」を切り抜ける！ 8つのポイント

第2章　知らぬ間に忍び寄る破産危機

第3章 その節約術、間違っていませんか？貯めてるつもりが損してる!?

第4章 資産防衛のための大鉄則 借金減らして、現金増やす！

第5章 少ないお金でも幸せで豊かな老後を過ごす

ブックデザイン・図版　鈴木成一デザイン室
編集協力　阿部えり
カバー写真　髙橋勝視（毎日新聞出版）
ＤＴＰ　センターメディア

第1章

「大増税時代」を切り抜ける！
8つのポイント

1
アベノミクスの連続好景気は偽りのデータと認識する

２０１７年は中国が前年を上回る勢いで成長し、世界経済を牽引《けんいん》しました。習近平政権は２０１７年10月に開幕した5年に一度の共産党大会に向け、インフラ投資を増やすなど景気を下支えする政策を取り、その恩恵が世界に波及したのです。

今後はどうでしょうか。中国が緩和的な政策を続けると不動産バブルが加熱するといった悪影響が大きいと見られ、２０１８年は減速に転じる可能性が指摘されています。ですから、世界経済は２０１７年ほどの好調さは維持できないでしょう。

特に**世界の株価はすでにバブルになっています。ニューヨークも東京も、中国の景気次第では株高傾向が頭打ちになるおそれがあります。**

東京株式市場は政府と外国人が売買の中心になっており、一般の投資家はそれほど加わっていない歪《いびつ》な状況です。これは日本銀行がアベノミクスの一環として量的金融緩和を続けていることに関係があります。**日銀は上場投資信託（ＥＴＦ）という金融商品を買うことで、間接的に上場企業の株式を大量に買っているのです。**

日銀は、なんと２０１８年中には、日経平均株価の構成銘柄２２５社のうち４分の１の筆頭株主になると見られています。買い入れ額が巨大なのは明らかです。**日銀は国債も大量に買っており、その額は国債残高の40％を占める４４５兆円（２０１７年９月末現在、日銀「資金循環統計」による）。金融政策に大きな変更がなければ、２０１８年には５００兆円を突破するのは確実です。**

日銀とは別に、私たちの国民年金や厚生年金を運用する年金積立金管理運用独立行政法人（ＧＰＩＦ）も、日本株の買い入れを増やしています。

そこまで巨額の買い入れをした株式や国債は、どうするつもりなのでしょうか。日銀やＧＰＩＦが「株を市場に放出する」と言った途端、日本株は暴落するでしょう。そうするわけにはいかないので、売るに売れない状況です。

確かに日経平均株価は、２０１８年に入ってもバブル崩壊後の最高値を更新しています。しかし、「山高ければ谷深し」というとおり、最後のあだ花を咲かしていると思ったほうがいいでしょう。

株価は近いうちに暴落するのでしょうか。日銀やＧＰＩＦが必死に買い支えているため、そう決めつけるのは早計です。何らかの理由で暴落しそうになれば、政府はゆうちょ銀行も含め、あらゆる手段を総動員して食い止めようとするでしょう。

また、政府は個人のマネーを株式市場に誘導しようと躍起になっています。**２０１８年1月には、金融庁が旗振り役の「つみたてＮＩＳＡ（少額投資非課税制度）」という投資促進商品が売り出されました。**条件を満たす投資信託を購入すると、分配金や売却益が非課税になります（非課税投資枠は年40万円、20年間で最大８００万円）。金融庁の「ＮＩＳＡ特設ウェブサイト」を見ると、活用事例として「子どもの教育費を貯めたい」「住宅購入のために頭金を貯めたい」などとありますが、**ＮＩＳＡの対象である株式や投資信託は目減りすることがあり、教育や住宅の資金を用意するには明らかに向いていません。**しかも、将来性を見ると不安があります。

政府が事実上、大量の株式を継続的に買い入れていることは、株価は常に下支えされていることを意味します。その状態に乗ったのが外国人投資家です。彼らは景気が減速すれば、利益を確定して売り逃げてしまうでしょう。中国の経済成長が減速し始め、日本の景気が悪化するタイミングと重なるかもしれません。

もう一つの不安は日本の不動産です。**「2019年には不動産バブルが崩壊するのではないか」と不安視されています。**

アベノミクスが始まった直後から「中国の個人投資家による日本の不動産投資が急増している」と、たびたび報道されています。実際にどのぐらいの金額なのか確実な統計はありませんが、不動産業者が「中国人が東京都心のタワーマンションを大量に買っている」などと語る姿がメディアを通じて伝えられています。

税法では、土地や建物の売却益にかかる税率は、その土地や建物の所有期間によって大きく変わります。売った年の1月1日現在で所有期間が5年を超える場合は所得税と住民税が計20%、超えない場合は同39%です。

中国人による日本の不動産の購入が急増したのが、安倍政権が始まった直後の2013年からだとすれば、2019年には「売った年の1月1日現在で所有期間が

5年を超える」状態になります。つまり、売却益にかかる税金が約半分になるのです。2013年中に日本の不動産を買った中国人にとっては、売却益を手にするチャンスが2019年に訪れるといえるでしょう。

不動産業界では、「中国人が本当に2019年以降、売却に走ると相場が大きく崩れるのではないか」という見方があります。「今後、値下がりする」という見通しが広まると、先回りして売却し利益を確定しようとする人がいるものです。そのような動きが強まって、2018年に不動産価格が下落に転じるおそれがあると考えられます。

日本に限らず、世界的に続いた金融緩和政策によって不動産在庫が積み上がっています。アメリカは2015年12月から金融引き締めに転じ、段階的に利上げしています。不動産業者にとっては金利負担が増すことから、不動産在庫の整理が加速すると見られます。その結果、2018年には再び景気が悪くなるおそれがあるということに注意する必要があると思います。さらに、2018年から2020年にかけては、都心のオフィスの大量供給もあります。2018年は乗り切ることができたとしても、その先には２０２０年東京オリンピック・パラリンピックが控えています。大会が終わると、国内の建設投資は大きく減ります。

安倍晋三首相はアベノミクスを錦の御旗に掲げ、在任中は「戦後2位の50数カ月の連続景気回復」などと好景気を示すデータを並べ続けたい。ハリボテでもいいから、見た目を良くする方向にどんどん政策を打ち出す。**多くの国民は実感していない中、そういう数字をつくり続けているのが実態です。**

ところがアベノミクスのもう１人の主役、日銀の黒田東彦《はるひこ》総裁は２０１８年４月に任期が満了します。本書執筆時点（２０１８年２月）では続投は確実とみられ、そうなれば「異次元」の金融政策は、引き続き黒田氏にかじ取りが託されることになります。

私も黒田氏が続投すると思います。アベノミクスと黒田氏は表裏一体です。黒田氏がやりっぱなしのまま辞めることはないと思います。私の予想通り、２期目も総裁を担った場合、任期は２０２３年４月までです。

一方、安倍首相は２０１８年９月の自民党総裁選で３選されれば、２０２１年９月まで在任できます。オリンピック後にアベノミクスの主役が2人とも退任する可能性があるのです。「やりたい放題のままいなくなり、一大危機が起きる」という見方は広く支持され、コンセンサスと言ってもいいと思います。

2
デフレの時こそ財布のヒモをきっちり締める！

アベノミクスの「一丁目一番地」はデフレ脱却です。黒田氏が日銀総裁に就任した2013年4月、「2年程度で物価上昇率2％」と明確な目標を発表しています。

デフレがどういう状況かというと、今年1万円で買った商品は来年9500円に値下がりしている状況。あるいは、昨年1万円で買った商品を今年また買おうとして1万円札を出すと、商品と500円が戻ってくる。

仮に、1年間でモノの値段が5％下がると、お金の価値は5％上がります。メガバンクなど多くの銀行の利息は年0・001％にすぎません。その実、デフレが続いている間はお金の価値は上がっているのです。

日銀がデフレ脱却のため「異次元緩和」を始めてから2018年4月で5年になり

ます。2015年ごろには、全国消費者物価指数（生鮮食品を除く総合指数）を前年同月比2％上昇にするのが目標でした。

実際はどうだったのでしょうか。2014年4月の消費増税の影響がなくなった2015年5月以降では、同年6～12月はマイナス0・1～0・1％、2016年はマイナス0・5～0％（平均マイナス0・3％）と、依然デフレが続いていることが分かります。2017年は1月の0・1％から10月の0・8％へ小刻みにプラスとなっていますが、目標の2％にはほど遠い状況です（総務省「2015年基準消費者物価指数　全国2017年10月分」による）。

私はデフレは当分、終わらないと思っています。**政府がこれほどまでに「カネを使え」と国民に呼びかける中、預金残高は過去最高の1053兆円になりました（2017年3月末現在）。人々は「お金は使わない」という選択をし、預金を増やし続けているのです。**

これは誠に正しいことです。日銀が「2年程度で物価上昇率2％」と目標を立てながら5年たっても実現できそうにないのは、人々の考えを見誤っているからだと思います。

多くの人はデフレを脱却しようという気が全くないのです。政府や日銀が「デフレはいけない」と大騒ぎしても、「何が悪いの?」が人々の本音。デフレでなかったら、賃金は上がらないのに食べ物や洋服がどんどん値上がりして、どうやって生活すればいいのか不安でしかたない。これが普通の生活をする人々の感覚でしょう。

結局、**2%の目標を近いうちに達成できる可能性はまずありません。アベノミクスは失敗以外の何物でもないのです。**

アベノミクスは失敗しても、安倍首相は実に幸運です。安倍政権は景気がどん底から少し上向いたタイミングで発足し、その後も経済指標の多くは上向きました。安倍首相のおかげではなく、景気が好転する状況と重なったと見たほうが実態に合います。安倍

2017年10月の総選挙も、選挙戦の序盤で小池百合子・東京都知事が新党を結成したことで安倍政権の存続が危ぶまれましたが、小池さんは勝手にオウンゴールしてしまいました。言うなれば**「安倍のラック(Luck)」**です。

まだあります。アベノミクスの評価としてよく聞く、「失業率が下がった」です。

確かに人手は不足し、求人は多いのですが、実質賃金指数などの統計を見ると、賃金は上がっていません。

安倍政権が発足する直前の2012年10月から2016年10月にかけて生産年齢人口は361万人減りました（総務省「人口推計」による）。これが失業率が下がり、人手が不足する大きな原因です。経済活動が活発になった結果、人手不足になったとは言えないのです。だからこれも「安倍のラック」です。

極めつけは総選挙の当日、大型で強い台風21号が各地に被害を及ぼしました。投票率は下がり、自民党を勢いづかせたと見られます。「安倍のラック」はすごいんです。

賃金は上がらないのに安倍政権は税金や社会保険料を相次いで引き上げ、家計を苦しめています。

2014年4月には消費税率を5%から8%に引き上げ、国民健康保険、国民年金、介護保険など社会保険料の国民負担も増やす一方です。家庭によっては他の税負担も重くなっています。個人消費が振るわないのは、今の生活が苦しく、将来が不安な人が多いからです。「これから給料が上がる」という見通しの人が多ければ、これほど消費を削らないはずです。

政府は「高齢者が増え、社会保障費が足りなくなる」として消費増税を決めました。安倍首相は「すべて社会保障の充実・安定化に向ける」と繰り返し説明してきました。財務省のホームページにも、「消費税率引上げによる増収分を含む消費税収（国・地方、現行の地方消費税収を除く）は、全て社会保障財源に充てることとされています」と書いてあります。

ところが、２０１５年度予算案を分析すると、政府が社会保障の「充実」に使った金額は増収分の2割にすぎません。残りは所得税や法人税などで賄ってきた財源を消費税に置き換えただけです。つまり、実際には増収分の8割は社会保障以外の公務員の給料などに使われている可能性もあります。増税分をすべて社会保障に使ったのではないとは、けしからんことです。

一方、政府は「森友学園」には大阪府豊中市の国有地を8億円も値引きして払い下げました。安倍政権の「徴税は厳しく、歳出は甘い」性質を露《あら》わにしています。官僚の言うがままに国費を支出している実態を象徴しているのが森友学園問題です。

2018年以降は、出国税（国際観光旅客税、2019年1月導入）、消費税（同年10月税率引き上げ）、森林環境税（2024年度導入の方針）など増税ラッシュというべき状況です。それら税収増の使途は不確かだし、そもそも政府の支出はバランスが取れているとは到底思えません。

例えば、教育費。経済協力開発機構（OECD）は、加盟国ごとに小中高校など教育機関への公的支出が国内総生産（GDP）に占める割合を調べ、公表しています。2014年のデータでは、日本は比較可能な34カ国中最下位。

大学の学費も家計を苦しめています。子どもを大学に行かせたことで大変な貧乏生活を強いられる家庭が多いのです。その結果、**大学生（昼間部）の51・3%が奨学金、つまり借金を背負って学校に通っています**（2016年度、日本学生支援機構調べ）。10年前に比べ、その割合は1・5倍に拡大したそうです。卒業後に結婚しようとか子どもを産もうとか思えないのは無理もありません。

政府は2013年4月から祖父母が孫に教育資金を贈与する場合は、1500万円までは非課税とする制度を始めました。贈与したお金は信託銀行の口座に一括して入金し、大学や専門学校などに進学する際、引き出す仕組みです。

ただ、進学する子どもばかりではありません。例えば、高校を卒業した後は板前を目指すなど、働きたい子もいます。１５００万円の教育資金を使い切らないと、子どもが30歳になった時点で残金に贈与税が課税されるのです。１５００万円がすべて残っている場合、40％の贈与税が適用され、３００万円以上の税負担を迫られます（控除額を差し引いた税負担は贈与額の25％程度）。

これとは別に、２０１５年度からは「結婚・出産・育児資金」の贈与は１０００万円まで非課税とする制度ができました。これも、結果的に結婚しなかった人、出産しなかった人は50歳になった時に贈与税がかかります。

なにやら騙し討ちのような制度です。思いつきの政策を次々打ち出しているようですが、公平性に難があるものばかりです。

バランスを欠いていると思うのは、**大企業が納税を免れている**ことです。トヨタ自動車は２００９年3月期から２０１３年3月期の5年間、法人税を納めていませんでした。豊田章男社長は翌年の決算発表会で「納税ができる会社になってうれしい」と述べています。

巨額利益を計上するトヨタが納税を免除されたのは、過去の損失を翌年以降に繰り越し控除できる制度を利用したためだとみられます。日本のインフラを使い、日本で営業し、空前の黒字を計上しながら法人税を納めないで済むのです。明らかに企業を優遇しすぎています。

企業の内部留保は2016年度末現在、406兆円でした。安倍政権が発足した直後の2012年度末は304兆円でした。安倍政権の4年間で約100兆円増えたことになります。「内部留保に課税すべき」と主張する人がいますが、それは無理です。406兆円は企業が合法的に納税して残ったお金なのです。

みなさんの賃金が増えない間、優遇を受けた企業、株主や資本家はますます豊かになっています。所得がみなさんから企業に移転し、格差はますます広がっているのです。

3 2018年は増税ラッシュだと覚悟を決める

安倍政権にとって、2017年は森友学園と加計学園の疑惑に明け暮れ、批判を浴びる苦しい年でした。

ところが、「モリカケ問題」への批判が巻き起こっていた最中の同年5月、介護保険利用料の自己負担率を引き上げる法改正案が国会で成立しています。介護保険利用料の自己負担率は収入によって1割か2割ですが、2018年8月からは2割負担の人のうち「現役世代並みの所得の人」は3割負担にするという内容です。

介護保険には「高額介護サービス費」という制度があり、自己負担額に上限が設けられています。1割の人は自己負担額の上限に変化はありませんが、2割の人は上限が引き上げられます。医療費も2017年8月から自己負担額の上限(高額療養費)

が引き上がりました。順繰りに自己負担額を多くするよう求められているわけで、生活は少しずつ苦しくなっています。

年収850万円以上は増税に

2017年10月の総選挙の翌日には、財務省が突然、年収850万円を超す「高所得」サラリーマンの所得税を増税する方針を記した分厚い資料を発表しました。選挙が終わるのを待っていたのは明白です。**頭のいい霞が関の官僚は毎晩、「どこから取れるか」と増税のことばかり考え、理論武装しています。**

財務省の資料には、「サラリーマンの勤務関連経費（平均）」は1970年には14万円（世帯年収136万円）だったところ、2016年には25万円（同632万円）に増えたという記述があります。

これが財務省の最終目標とみるべきです。今、平均年収632万円の世帯は年180万円ぐらい給与所得控除を受けています。しかし、「実際には経費は25万円しかかかっていない」と、財務省は示しました。今回出てきた増税案の対象は年収

８５０万円超ですが、将来は「控除額25万円」を目標に所得控除を計画的に下げてくる。増税の道筋を着々と切り拓いており、実にこざかしいのです。

所得税の増税は貧富の格差を是正する目的とされますが、それを言うならなぜ消費税を増税したのでしょうか。消費税はまさしく低所得者に不利な課税です。格差を広げる増税をしておいて、格差が広がったら今度は「格差を是正する」と称して所得税を増税する。そして**２０１９年10月には再び消費増税をする予定です。**「貧富の格差を是正する」とは増税するための言い訳でしかなく、何ら理念を感じません。これをご都合主義的、場当たり的な増税と言わずして何というのでしょうか。

配偶者控除の上限が変わる

２０１８年1月からは、サラリーマンの配偶者控除の仕組みが変わりました。従来は配偶者控除の対象は、「パートで働く妻が年収１０３万円以下」の場合でしたが、新制度では「１５０万円以下」に引き上げられます。

どういう人が関係あるのでしょうか。まず、従業員５０１人以上の会社で週20時間以上働くなどの条件を満たすパートの妻は、２０１６年10月から社会保険（厚生年金と健康保険）に強制的に加入させられる制度に変わりました。すでに夫の扶養者から外れているので、配偶者控除の仕組みが変更になっても関係ありません。

関係あるのは、**５００人以下の会社で妻の収入が年１３０万円より多い場合**です。**夫の扶養者から外れ、自ら社会保険に入らなければなりません。社会保険料は年25万円ぐらい。そんなに取られたら、せっかく年１３０万円稼いでも年収１０３万円と手取りは同じ程度になってしまいます。**

つまり、年１３０万円より多く稼ぐなら、年１６０万円ぐらいかそれ以上は稼がないとならないのです。実際には主婦のパートでそれほど稼げる人は多くないでしょう。「夫の扶養から外れるラインは年収１５０万円超」に変更になったように見えますが、実際には年収１３０万円を超えるか超えないかがラインなのです。**配偶者控除の変更は単なる選挙対策です。**財務省は何年も前から「主婦が年収１０３万円を超えないよう意識し、働く時間を調整することは問題だ」と考え、有識者委員を全力で丸め込んで配偶者控除そのものを廃止しようとしてきました。

ようやく実現しそうになった矢先の２０１７年半ば、「総選挙が近い」という見通しが広まりました。有権者の意向に急に敏感になった政治家は「配偶者控除の廃止は選挙に不利だ」と考え始めたのです。結果は配偶者控除を維持したまま、対象を年収１５０万円以下に広げることでした。

財務省はさぞ悔しかったことでしょう。議論もないままあんなに急に「年収１５０万円以下」が出てきたのは、選挙対策と思えば納得できます。

出国税・森林環境税など続々増税

出国税も怪しいものです。海外旅行や出張のため出国するたびに１人当たり１０００円を徴収するのです。**２０１６年の出国者数４１００万人に対し１０００円ずつ徴収すれば計４１０億円。観光庁の２０１７年度予算は２１０億円です。観光庁は年間予算の２倍に当たる税収を手にして適正に使うことができるのか大いに疑問です。**

森林環境税もなぜ突然、出てきたのかさっぱり分かりません。理由をつけては増税しているだけです。

安倍政権は教育無償化に2兆円規模を費やす方針です。このうち大学無償化に約8000億円使うそうですが、それをやる前にすべきことがあります。

16歳未満の子どもに対する年少扶養控除（年38万円）を復活することです。民主党政権は2010年、月2万6000円の子ども手当を支給する代わりに年少扶養控除を廃止しました。

ところが政権交代して安倍政権が発足したら、今度は子ども手当を廃止し、児童手当を復活させました。受給額は子どもの年齢によって月1万円か1万5000円です。所得が多い人は5000円しかもらえません。平均的な家庭は年11万円ぐらいの負担増になっています。

賃金が下がれば年金も残る

公的年金の受給額はどう変わるのでしょう。「マクロ経済スライド」といい、年金の給付水準を物価・賃金の伸びより小さくする仕組みがあります。「おおむね100

年後に年金給付費1年分の積立金を持つことができる」ようにするため、年金額をカットするのです。

もし２０１７年度に物価が大きく上がっていれば、２０１８年度の受給額は増えるはずですが、実際には物価上昇は微々たるもので実質賃金も下がりました。２０１８年度にマクロ経済スライドの発動はなさそうです。

ちなみに２０１５年度に、このマクロ経済スライドが発動されたことがあります。２０１４年度に消費増税の影響で物価が上昇したため、物価上昇ほどは年金額が増えないよう調整したのです。

問題は賃金です。**賃金が上がればみなさんはモノをもっと買うようになり、景気は浮揚し、税収も増えます。ところが安倍政権が打ち出す「働き方改革」は残業代をゼロにするなど賃金を下げる内容になっています。**

例えば、安倍政権は「ホワイトカラー・エグゼンプション」という高所得サラリーマンの残業代をゼロにできる政策を導入したい考えです。「残業代ゼロ」と批判を浴びて評判が悪くなったせいか、厚生労働省は「ホワイトカラー・エグゼンプション」

とは呼ばなくなり、「特定高度専門業務・成果型労働制度」（高度プロフェッショナル制度）という名称を使っています。

同省は対象となる職種として「金融商品の開発やディーリング、アナリスト、コンサルタント、研究開発」を例示し、年収は「少なくとも1000万円以上」としています。しかし、官僚が企《たくら》むことですから、将来は対象の職種や年収を下げると思います。過去にもそういうことがいくらでもあるからです。

例えば、労働者派遣の対象は労働者派遣法が制定された1985年には、専門性も所得水準も高い13業務でした。それが1996年には26職種に拡大し、1999年には原則自由化、2004年には製造業務も可能になりました。その前例を踏まえると、ホワイトカラー・エグゼンプションも同じになると思います。つまり、みんな残業代ゼロです。

なぜ賃下げの方向なのかといえば、実のところ、「働き方改革」は人件費を減らしたい大企業のための改革だからだと思います。人々が取れる自己防衛策は「お金を使わないこと」となるのも無理もありません。

4 投資は儲かるという幻想を捨てる

最近、「荻原さんの担当です」と名乗る銀行員が電話をかけてきて、「預金がこれぐらいあるようですが、いい投資商品があるんです」と切り出しました。すごく腹が立って、「だれがあなたに担当してくれと頼みましたか」「私のお金は私のものだから、預金のままでいいのよ」と伝えて、電話を切りました。

政府は「貯蓄から投資へ」と言い続け、みなさんは投資をしなければいけない気になっています。**「投資しないと乗り遅れる」と刷り込まれ、不安を感じている人が少なくないことと思います。**

でも、投資で儲けている人は本当に少ないのが実状です。**大部分の人は投資を始めてから資産を目減りさせて、夫婦喧嘩になったり、離婚に追い込まれたりと悲惨なこ**

とになっています。

それでも「貯蓄から投資へ」と政府が言い続けるのはなぜなのか。国の借金を穴埋めする国債、年金制度を支える株式、銀行経営を支える投資信託を買ってほしいからでしょう。自分たちの都合のいい方向に誘導している気がします。

とりわけ銀行が投資信託などの投資商品の販売を強化しているのは問題です。これも政府の企業優先の姿勢と関係があります。

消費税の税率は3、5、8％と段階的に上がる中、法人税の税率は逆に下がる一方です。基本税率は１９８９年度までは40％超、１９９９年度以降は30％でしたが、安倍政権は段階的に下げ、２０１７年度は23・４％、２０１８年度は23・２％です（国税のみ）。

企業はますます儲かり、銀行にお金を借りる必要が減ってきました。銀行は貸出先に困るようになり、みなさんから集めた預金を日銀の当座預金に入れておくしかなくなりました。

ところが、そんな状況が続けば、銀行の資金が市中に出回らず経済が活性化しません。「お金をもっと世の中に出回るようにしたい」ということで、日銀は２０１６年１月、マイナス金利を導入しました。「今後、日銀当座預金にお金を積み増すとマイナス金利を徴収する」というわけです。

銀行は日銀当座預金にお金を預けるのではなく、国債の買い入れに走ったほか、「一番の儲け口は個人だ」と投資信託や保険などの投資商品の販売を強化したのです。銀行が高齢者にせっせと電話をかけ、「投資しませんか」と勧めていることはご存じかと思います。退職金をもらった60代の人も銀行に出向いて、相談係が勧めるがまま投資商品を買ってしまいます。

実に危ないことが起きています。**銀行は投資信託会社や保険会社の代理店として投資商品を販売し、手数料を得る仕組みです。たとえ運用益がマイナスになっても損しません。ノーリスクなのです。しかし、みなさんにとっては元本割れのリスクがあります。**

逆にみなさんにとって預金はノーリスクですが、銀行にとってはリスク商品。だから銀行は預金から投資商品に移させようと勧誘をしているのです。

今のタイミングで投資をするのはやめたほうがいい。多額の資金を自宅に置くと盗まれるおそれがあるから、銀行を無料で使える貸金庫と思って預金だけしておけばいいのです。

特に投資の知識が少なく、インターネットを使えない人が投資で儲かるかと言えば無理かもしれません。投資とは刻々と値段が変わる金融商品を運用することです。ネットで素早く売買する人たちばかりの中に、今まで何十年もまじめに働いてきて、投資なんて全く考えてなく、ネットも使えない人が迷い込んだら損をするに決まっています。**銀行や証券会社の言うがままになってはダメです。潔く諦めてください。**

こう書くと、「だったら預金ならいいだろう」と思うでしょう。ただ、預金と言ってもいろいろなものがあります。例えば、外貨預金は「預金」という言葉が入っているので、なんとなく元本割れしないと思っている人がいるかもしれません。しかし外貨預金にももちろん元本割れリスクはあります。1ドル当たりの日本円の値打ちは刻々と変わるからです。

どうしても外貨預金をしたいのなら、余裕のお金でしましょう。また、為替手数料の安い銀行を選ぶことです。メガバンクは円からドルに両替する時とドルから円に戻す時にそれぞれ1ドル当たり1円、つまり計2円の手数料がかかりますが、ネット専用銀行には計10～50銭と安いところがあります。

警戒すべきはゆうちょ銀行で売っている投資信託や変額保険です。郵便局で投資信託を売り始めたのは２００５年。取り扱う商品数はどんどん増え、今は何十種類も売っています。**もともと国営で信用があるためか、ゆうちょ銀行の係員に「年金の代わりになりますよ」と勧誘され、大損している高齢者が山のようにいます。**銀行や証券会社は疑うのに、ゆうちょ銀行を疑わないのは間違っています。

5 マンションは大型冷蔵庫と同じ耐久消費財だと自覚する

不動産価格の先行きは暗いという見通しは前述のとおりです。私だけではなく、不動産の専門家の多くもそう言っています。

例えば、不動産大手、森トラストの森章社長は「オフィスビルやマンションは東京オリンピック後、難しい局面が来るのではないだろうか。私は『オリンピックの崖』と表現している」と話しています（「東洋経済オンライン」2015年5月22日付）。森社長は、**オリンピックの後に「(不動産の)需給バランスが崩れ、日本経済がひっくり返るぐらいの異変が起きるのではないか」と言うのです。**

空き家の急増が広く知られるようになりました。総務省の「住宅・土地統計調査」によれば、全国の空き家率は昭和末期の1988年には9・4%にすぎませんでしたが、１９９８年には11・５％へと急増し、２０１３年は13・５％に達しました（同調査は５年ごとに実施）。

人口減と少子化によって住宅需要が減っているのに新築物件の供給が続いてきたためです。**考えてみれば、一人っ子と一人っ子が結婚し、それぞれが親から自宅を相続したら1軒余るのです。これからの日本では、家はますます余るのは間違いありません。**

私の話をすると、20年ほど前に夫と自宅を建てるための土地を探している時、「あと10年たてばこの土地、半額になるかもしれない。今、買ったら損かも」と、弱気になったことがありました。すると夫は「おれたち、10年経《た》ったらいくつになると思っているんだ。そんな年齢で家が建てられるか」と言うんです。あの時、私は40歳ぐらい。確かに50歳になって一から家を建てるのは大変です。夫の言うとおりだと思って建てました。

「これから不動産を買うと、資産になるのかならないのか」という質問をよく受けます。そんな時には、私は「ならない」と答えます。これだけ家が余っているし、今後

もこの傾向が続くのだから、この先も不動産は値上がりしないと思っているからです。

でも、こう言うと「高齢になると家を貸してもらえないかも」という不安を感じているという人もいます。でも実は全然そんなことはありません。今も日本中で家は余っているし、今後はもっと余ります。高齢者が家を借りにくかったのは昔の話です。どうしても買いたいなら、お金を貯めておいて現金で買う手もあります。今、５００万円～１０００万円ぐらいでも、一人暮らし用なら買える中古マンションは首都圏でもあります。

私は他の人にはマンション投資を勧めたことはありませんが、20代だった１９８０年代、投資用マンションを試しに買ったことがあります。地下鉄東西線の行徳駅（千葉県市川市）近くに建つ２ＤＫの物件。行徳から都心の大手町まで乗り換えなしで28分の好立地です。買った当時はバブルだったので２７００万円でしたが、売り値は今、５００万円ぐらいに下がっています。

もっと時間が経てば「ただで持っていってください」という物件まで出現するかもしれません。ですから、**どうしても買いたいと言うなら、東京オリンピックが終わっ**

た後にしたほうがいいでしょう。森会長が言うとおり、値段がガーンと下がってから買っても遅くないのです。

買うのなら売れないことを覚悟してください。売りたい人は増える一方ですが、買いたい人は減るばかりです。売れなかったら一生そこに住むしかないわけですから、勤務先のそばに買うのがいいかは疑問です。もし買うなら、定年後も昔の勤務先のそばに住むのが本当にいいことか考えてください。

　これから10年、20年経つとマンションの老朽化が大きな問題になります。築50年、60年の物件はメンテナンスが悪いとどうなるのでしょうか。外壁がはがれて通行人に当たってケガをさせたとか、ガス管が腐食してガスが漏れて住人が死亡したとか、そういう事故をよく耳にするようになると思います。そうした物件の価値は大きく下がるでしょう。「資産にならない」と書いたのはそんなわけです。

　その時、マンションは大型冷蔵庫と同じ耐久消費財だとみなさん、気がつくのです。新しいのが一番いいし、価格もどんどん下がっていく。最終的に古い冷蔵庫はお金を出して引き取ってもらう。マンションも同じだと考えたほうがいいでしょう。そういう覚悟ができるなら、買ってもいいと思います。

京都市左京区に1976年に建ったマンションがあります。建築後に制定された京都の景観条例により、建て替えると今より低い階数にしないといけない。条件が悪いのですが、なんとか資産価値を高くしようと住人が頑張り、今も物件価格が上がり続けています。ただ、これはまれな例です。マンションの住人は「運命共同体」です。老朽化したら建て替えられるかといえば、非常に難しいのです。

6
家計のダウンサイジングで老後破産を防ぐ

支出が多いなら、家計の支出を減らすダウンサイジングをしましょう。

間違えてはいけないのは、ダウンサイジングとは、生活レベルを落とすことではありません。今までゴルフを楽しんだ人も、年を取ったら体力的にできなくなるし、プレーする相手もなかなか見つからなくなるでしょう。クラブを鍬《くわ》に持ち替えて畑を耕し、自分で育てた野菜を味わえば楽しいし、結果的に生活コストが下がります。**消費が中心の考え方から、自分で野菜をつくり、料理をして楽しむといった生き方に変える。そういうダウンサイジングなら苦痛を感じることなく、新たな生活スタイルに変われます。**

大都市に住んでいるならクルマは手放してもいい人も多いでしょう。年を取れば運転技能が低下するし、クルマの維持費もかかります。最近は所有しなくても好きな時に乗れるカーシェアというサービスも利用できます。

我が家のマイカーはダイハツの軽自動車です。3、4年前にボルボから乗り換えました。クルマ自体が安いし、軽自動車だと車検代も税金も安く、燃費は格段といい。ボルボの半分まではいきませんが、4割減ぐらいにはなったと思います。

最近、ダイハツに乗って家族で伊豆旅行に行きました。ボルボに比べたら多少乗り心地は悪く、夫は文句を言いますが、私は別にクルマの車種にはこだわりません。自分の人生に何が大切かを考えると、家族みんなでたまにクルマに乗って楽しめればそれでいいんです。

携帯電話も格安スマホに変更すれば、通信費が3分の1くらいにはなります。洋服だって探せば安いのがいくらでもあるし、探すことを楽しめます。**生活コストをガツンと減らして、自分が好きなところにお金をかければいいのです。**

収入を増やすには、もし妻が働いていないなら、働きに出てもらうぐらいしか方法はありません。夫のほうはたいてい会社にこき使われていますし、働き方改革の結果、残業代ゼロになるかもしれません。制度としては教育訓練給付金とかいろいろありますが、夫に副業をしてもらうのはあまり現実的ではないでしょう。

もし時間的、能力的に可能なら、インターネットのアウトソーシングサイトを使ってみる手もあります。「ココナラ」（coconala.com）は、ネット上のユーザーから注文を取ってイラストを描いたり、チラシをデザインしたりして稼げるサービスです。「ランサーズ」（www.lancers.jp）は、企業からウェブサイトの作成や翻訳などの仕事を請け負える仕組みです。ほかにも似たサービスがいろいろあります。

収入を増やそうとしてお店を始めようと考える人もいるかもしれませんが、店舗を構えると賃料や光熱費などコストがかかるし、商品の在庫もそれなりに揃える必要があります。その点、インターネットで商売すると初期コストが少なくて済みます。自分でつくった手芸品を売るなどすれば、無理して在庫をたくさん持たなくてもいいのです。

7

豊かな人間関係を築くための投資は惜しまない

「老後が不安」という声をよく聞きます。高齢者がおっしゃるのはなんとなく分かりますが、20代から30代の若い人までが「老後のため」と個人年金に入っているようです。**若いうちは個人年金よりもっとお金を使うべきことがたくさんあると思います。**独身であれば習い事をしたり旅行をしたりと自分磨きに使えばいいし、結婚している場合は教育資金や住宅ローンなど、つぎ込むべきところはほかにもあるでしょう。それらを考える余裕もなく、安心感を持てないのは政府の大きな罪だと思います。

なんとなく不安という人も多いでしょうが、その考えは損です。不安を減らすには、まず原因を把握することです。人は原因が分かると明確な対処法を考えられるのです。「今の自分はダメだな」と漠然と思うのではなく、どこがダメなのか導き出し、それを解決するには何を諦め、どういう努力をすればいいのか具体的に考えるのです。すると、解決の方法はいろいろあることに気づくはずです。

まず現状認識が大切です。それには、**今ある資産と負債を書き出して、貸借対照表をつくってみるといいでしょう。資産の部には預金の残高、投資信託や株式、不動産の評価額、貯蓄型保険の保険金、負債の部には住宅ローンやその他の借金の残高を具体的に書き出します。**

そうすると自分は今、プラスなのかマイナスなのか分かり、案外それだけで安心できるものです。厳しい現実であれば、「これではだめだ」「何とかしないといけない」と分かります。

もし多額の借金があったとしても、返せない借金は絶対にありません。弁護士に頼んで、個人再生手続を使って返済総額を少なくすることもできます。場合によっては自己破産をすれば、自宅は取り上げられますが、借金は棒引きになります。

給料が上がらないならどうやって生活すればいいのか。どこをダウンサイジングするか。自分の給料が上がらないなら家庭の収入を増やすため共働きにできるか。夫婦でどう対処するか、そうした話し合いを前向きにすべきでしょう。

そのためには、**普段から夫婦の会話を増やしておくことが必要です。**

明治安田生命が２０１７年11月に発表したインターネット調査によれば、「夫婦仲が円満」と回答した人は、平日に夫婦で平均１１３分会話していたところ、「円満でない」人は同40分でした。会話によって家計に対するコンセンサスが取れたことで夫婦関係が修復されるかもしれません。

あるいは問題はお金ではなく人間関係かもしれません。**幸せに生きるためには一番大事なのは、人間関係が円滑にいくことだと思います。**会社に勤める人の一番の悩みは人間関係だといいます。

人間関係はいろいろありますが、まずは家族です。昔の歌詞に「狭いながらも楽しい我が家」とあったじゃないですか。**節約してお金を増やすことより、家族を大事にすると幸せになれるし、結果的に豊かに暮らせます。**子どもがいる夫婦が離婚したら、妻はシングルマザーとなり、夫は養育費負担が生じて両方とも生活が厳しくなります。でも離婚に踏み切る夫婦が少なくないことは、みなさんもお気づきでしょう。

人間関係が大切なのは、夫婦だけではありません。**職場や学校で人間関係がうまくつくれないという人も多くいます。そういう人は、インターネットを通してつながることを考えてみてはどうでしょう。**

例えば、農家から作物を買う関係なんていうのもいいかもしれません。もしかしたら災害や有事の時、助けてもらえるかもしれません。

見知らぬ人だけれども、何かにすごく頑張っている人がいて、賛同して応援するみたいなこともいいでしょう。

そういう意味では、**ネット上で見知らぬ人同士がお金を出し合う仕組みもおもしろいです。例えば、「クラウドファンディング」。**

宮城県の松島は牡蠣《かき》の養殖が盛んでしたが、東日本大震災で壊滅的な被害を受けました。漁師たちが「養殖を再開したい」と応援してくれる人を募ったことがあります。お金を出した人は何年後かに牡蠣をもらえます。そんなつながりを何年も続けていけば信頼関係ができあがります。

趣味だっていい。釣りが好きなら詳しいサイトにアクセスして交流するうちに仲間ができ、一緒に釣りに出かける関係が築けるかもしれません。昔に比べて、今はそういうことがやりやすい時代です。インターネットの中には偽物もたくさんあるのは確かですが、常識的に判断すればこれほど自分のネットワークをつくれる仕組みもないと思います。

人間関係を改善すると、人生がずいぶんと違ってきます。いい人間関係を持続させるには多少のお金は必要かもしれませんが、老後を豊かにするための投資と思えば惜しくはないはずです。十分な資産があれば人間関係がなくても幸せかというと、決してそうはならないのです。

8
節約より先にやるべきことは家族の立て直し

親子関係で気になるのは、親元にいて働いていない若者が、思いのほか多いことです。私の知り合いでも何人かいます。

調べてみたら大卒の若者の１割近くは無職だそうです。**内閣府の『子供・若者白書』（2017年度版）によると、15〜39歳のうち無職の人は2・3％、77万人でした。ところが、大学を卒業した後、「進学も就職もしていない人」と「一時的な仕事に就いた人」を合わせると9・4％、5・3万人と多いのです**（文部科学省「学校基本調査」２０１７年度版）。

大学まで出たのに働かず、親元に住む子どもは、**親にとっては〝不良債権〟です。**

子どもが大人になっても支え続けるのだから、親の収入が下がるに従って家庭は貧乏になるばかりです。このままでは共倒れなのですが、親は子どもがかわいいからなかなか追い出せません。それに「私たちが死んだ後、子どもがどうなるのだろう」と不安も募ってきます。

しかも、依存関係は親子にとどまらず、おじいちゃん、おばあちゃんに家計を支援してもらったり、子どもの世話に手がかかっておじいちゃん、おばあちゃんの介護どころではなくなったりします。依存関係が連鎖するのです。

子どもには働いてもらい、親元で暮らすなら月4、5万円は生活費を払ってほしいものです。とはいえ、学校を卒業したのに働いていない子どもに対しては、ただ叱りつければいいというわけではありません。

私は今の若者を見ると、私たちの時代と比べてはるかにストレスが多い社会を生きていると感じます。つい最近まで、就職先を見つけるのが難しい時期が続きました。就職活動中に100社受けて1社も受からなければ、心が傷ついても無理はないでしょう。大学や職場でいじめられて、うつ病になる人もいます。

親元で引きこもる子どもだって、家から出たいけれどなかなか出られないから、しかたなくいるはずです。個々のケースで対策は異なるでしょうから一概に言えませんが、短期間で解決できないことが多いため、カウンセラーなどの第三者に早めに相談することを勧めます。

また、**家族関係を破壊しかねないものの一つに、相続があります。**私は父を亡くしましたが、そのあと母と妹と弟の４人で遺産整理の話をしました。父が持っていた株式はけっこうな金額になりましたが、その他の財産を含め、私と妹の分は弟に託すことにしました。弟は母の面倒をみてくれているし、相続で争って家族がバラバラになるといけないので。

家庭裁判所で調停が成立した遺産分割事件のうち、遺産の価値が１０００万円以下だったものは33％を占めます（最高裁判所「司法統計」２０１６年度）。**何百万円かのお金をめぐって争っている人が、案外多いのです。**親の遺産をめぐって兄弟姉妹が裁判所で争ったら、裁判が終わった後も、おそらく一生口を利けなくなるほど仲が険悪になることでしょう。

親は良かれと思っても、財産を残すのも善し悪しです。子どもたちが争わないで済むように親は考え、どの子に何を残すかを決めておく、いっそのこと全部使ってしまうといった判断もいいのではないでしょうか。そうなると当然、**遺言書を用意しておかないとなりません。最も確実な方法は公証人役場で作成する公正証書遺言をつくっておくことです。**

アメリカでは結婚する時に、夫婦それぞれの財産をはっきり示した契約書をつくり、万一、離婚した時に揉《も》めないようにしています。日本では結婚契約書を結ぶ人は多くないと思いますが、せめて遺言書はつくりましょう。年老いた親がいる人は「きょうだいで喧嘩になると困るから遺言書をつくってくれ」と頼んだらいいでしょう。だいぶ違うと思います。

（聞き手　サンデー毎日編集部　谷道健太）

第2章
知らぬ間に忍び寄る破産危機

1 アベノミクス景気を更新中！　その陰で自己破産急増、優秀な若者が潰されている!?

「アベノミクス景気」が、２０１７年９月の段階ですでに58カ月続いていて、これは戦後２位の「いざなぎ景気」を超える記録なのだそうです。

その一方で、２０１６年の自己破産の申請件数が６万４６３７件で、13年ぶりに前年比１・２％増となりました。原因は、銀行のカードローン。**消費者金融で自己破産する人は規制強化のために減っていますが、代わりに、この規制を逃れた銀行のカードローンによる自己破産が急増しているのだそうです。**

なぜ、こんなことになっているのかといえば、日銀のマイナス金利に起因しています。「アベノミクス景気」で企業は大きく潤い、内部留保は４０６兆円（２０１６年度）。安倍政権下で約１００兆円も増えました。結果、企業はわざわざ銀行からお金を借りなくてもやっていけるようになりました。

ところが、企業が銀行からお金を借りようとしないのに、日銀からは「貸し出しを増やせ」と迫られ、困った銀行が、個人に無理な過剰融資を続けた結果、自己破産が急増してしまったのです。「アベノミクス景気」で企業は潤いましたが、そこに勤めている人の給料はそれほど上がらず、一方で税金や社会保険料のアップと「アベノミクス」の副作用ともいえる円安による物価高で、家計は痛めつけられました。

さらに、日銀のマイナス金利政策で普通預金金利が０・００１％という異常な事態になり、家計は利子収入もほぼゼロになりました。そんな中、**銀行のカードローン金利は年最高14％。なんと、普通預金金利の1万4000倍！**

「リボルビング方式」という、**万年借金に至らせる貸し出し方法が野放し状態**で、一度借りたら抜け出せない借金地獄に転落していく人が後を絶ちません。そればかりか、**借金が、優秀な人材をも潰しています。**

実は今、成績がいいのに、家が貧しいというだけで教育が受けられない学生が急増しています。大学生の約半数が奨学金を受けていますが、中でも成績優秀な学生には、返さなくてもいい給付型の奨学金が付与されています。ただし、その奨学金をもらうには通常の１・２倍くらいの単位取得が必要など過酷な条件つき。私が出会ったＡさんは、大学でもトップクラスの成績で給付型の奨学金を付与されていました。けれど、**母子家庭のために生活費を稼がなくてはならず、そのため、単位不足に陥って奨学金を停止され、退学に追い込まれました。**自分のために働き詰めで病気がちになった母親に少しでも楽をさせたいと寝る間も惜しんで勉強とアルバイトに励みましたが、その夢も無慈悲な奨学金打ち切りの前で潰《つい》えました。しかも、なんとかしたいと足掻《あが》く中で、銀行のカードローンに手を出し、万年借金に陥りました。

今の日本は、どんなに頭が良くても、頑張っても、報われない社会。そんな希望のない中では、結婚して家庭を持ち子育てするなどということは贅沢《ぜいたく》だと、Aさんは怒りまじりに言い捨てました。「アベノミクス景気」に胸を張りながら、優秀な人材を切り捨てていく未来に、何が残るのでしょうか。

POINT

銀行のカードローン金利は普通預金の1万4000倍!

2 給料が下がったら年金も下がる？ 年金カット法案強行採決のワケとは

２０１６年11月25日、俗にいう「年金カット法案」が衆議院厚生労働委員会で強行採決され、29日には衆議院本会議で議決。さらに30日に会期末を迎える臨時国会の会期を12月14日まで延ばしてこの年金改革法案を審議、採決しました。

この法案がどういうものか、みなさんの老後生活にも密接に関係することなので、きちんとおさらいしてみましょう。

これまで年金の支給額は、物価と賃金の見合いで上下していました。ただし、物価が上がっても賃金の上昇がこれに追いついていなければ、年金は賃金の上昇分しか上がりませんでした。一方、賃金が下がっても年金はマイナスになることはありませんでした。けれどこの法案では、賃金が下がれば、たとえ物価が上昇していても賃金に合わせて年金を下げるというのです。

分かりやすくざっくり言うと、物価が１％上がり賃金が１％下がっても、支給される年金額は変わらないというのが今まででした。ところが**法案成立以降は、物価が1%上がっていても賃金が1%下がっていたら、もらえる年金も1%下がるということになります。**

働く人の賃金が減り続けているので、年金も減らそうということ。これに対して野党は、すでに働けなくなっている高齢者に対して、物価が上がっても年金を減らすというのはひどいじゃないかと抗議しています。

では、どれくらい減るのかというと、2005年度にこの制度が導入されていたとしたら、厚生労働省の試算では、2016年度は国民年金のモデル世帯で年間2万4000円(月2000円)、厚生年金モデル世帯では同8万4000円(月7000円)の減額。ただ、もっとシビアな**野党の試算では、国民年金で年間約4万円(月約3300円)、厚生年金で同約14万2000円(月約1万1800円)も減っています。**

どちらにしても、かなり年金が減りそうなので、これを国民に対してまともな説明もなくバタバタと強行採決していくというのは、やはり釈然としません。

しかもそんな中、会計検査院の報告によると、２０１５年度決算で、なんと国費に1兆２１８９億４１３２万円もの無駄遣いや不適切な会計処理があったとのこと。この中には、日本年金機構が間違えて支払った年金10億７０００万円も含まれていて、なんと返還請求もしていないというのですからあきれてしまいます。こうしたお金はたまたま発覚したもので、氷山の一角なのでしょう。

さらに、**私たちの大切な年金積立金の約6割が株や為替がらみのリスク資産になっているの**も不安。加えて、次回の制度改正では支給年齢の引き上げなども検討されることが予想されています。公的年金がますますもらえなくなっていく中で、私たちはどうすればいいのでしょうか？　心配しはじめたら切りがない。それよりも、現状をよく知って、早めに対策を立てましょう。

ダメージを受けない家計にする方法は二つ。一つは、出費を減らすこと。もう一つは、働ける人を増やすことです。

出費については、家計の見直しで、**削れるものはまだまだある**と思います。

生命保険はこんなに必要か。車は軽でもいいのではないか。スマホも格安スマホにできないか。電気代は安い電気会社に契約を変えられないか。家電は型落ちでいいのではないか……。こうしていちいち見直していけば、それまでよりもギュッとしまった家計になるはずです。

いまや専業主婦が贅沢《ぜいたく》な時代になっています。だとしたら、奥さんも働けないか検討してみましょう。働くのは、奥さんだけではありません。子どもも、しっかり働かせましょう。ニートになったりしたら、親の老後まで危うくなります。

もし、社会人になっても子どもが同居していたら、月々一定額は家に入れるように言いましょう。そうしないと、自分たちの老後も危うくなるし、子どもにも自立しようという気持ちが芽生えません。

POINT

出費を減らし、夫も妻も子どもも、可能な限り働く！

3 1人月額5000円の「こども保険」は、子育て世帯の負担軽減の救世主になるのでしょうか

子どものために、厚生年金保険料率に0・1％上乗せし、国民年金の加入者の場合は月160円と金額を決めるなどして徴収しようという「こども保険」という案が、自民党の小泉進次郎氏ら若手議員の提案で進められています。

これを財源に、小学校入学前の子どもに1人月額5000円を支援し、子育て世帯の負担を軽減するのだそうです。

サラリーマンが支払っている社会保険料は、年収400万円だと年間の本人負担分は厚生年金で約36万円、健康保険で約20万円、雇用保険で約2万円。このうちの厚生年金の0・1％を予定しているようなので、年収400万円なら年間3600円くらい。将来的にはこれを0・5％にするというので、年間2万円近く徴収されることになるわけです。

これに対して、「こども保険ではなく、教育国債を！」という声が上がり、「こども

保険」なのか「教育国債」なのかという論争になっています。

けれど、ちょっと待ってください。そもそも大前提として、以前は16歳未満の子どもに対する「年少扶養控除」がありました。さらに「児童手当」として0歳児から3歳未満は月1万円、小学校までは第1子、第2子は月5000円。第3子以降は月1万円が支給されていました。

ところが民主党政権で、この児童手当が「子ども手当」として一律月2万6000円になったので「年少扶養控除」はなくなりました。**「年少扶養控除」がなくなると、年収400万円で小さな子どもが2人のご家庭だと所得税、住民税合わせて年間約11万円の増税、年収600万円なら約13万の増税です。**

それでも、「子ども手当」が月2万6000円もらえるならいいだろうということで反対の声はあまり上がりませんでした。そして、手始めに半額の一律1万3000円の支給が始まったのですが、自民党政権になって、子ども手当は再び「児童手当」と改称され、3歳から中学までは1万3000円から1万円に引き下げられてしまいました（第3子以降は1万5000円）。しかも、「2万6000円は、民主党の約束で、自民党は関係ありませんから」とけんもほろろ。これでは、子どものいるご家庭にとっては、まるで騙《だま》し討ちにあったようなものです。結果、「年少扶養控除廃止」の増税感だけが、家計に重くのしかかりました。

しかも、「年少扶養控除廃止」で家庭が実質増税になっただけでなく、小さな子どものいるご家庭では、**課税所得が上がったことで保育園の保育料が上がる**ところが出てきました。大阪府豊中市では、なんと**３人の子どもを保育園に預けていた家庭の保育料が、それまでの６６００円からいきなり３万３０００円にまで上がったケースも。**

そんな中で、「社会保険料上乗せを０・５％にして将来的には未就学児１人当たり毎月２万５０００円差し上げますよ」などと甘いことを言われても、「年少扶養控除廃止」の騙し討ち、ふんだくりの落とし前もついていないのに、信じられますか！

ただでさえ日本は子どもの教育には金を出さない国で、「国の教育支援」はＯＥＣＤ34カ国中最低レベル。対ＧＤＰに占める教育費比率はなんと１０２位です。「米百俵」と言ったのは、小泉純一郎元首相。その時の内閣官房副長官は、安倍首相だったではありませんか！

保育料の値上げや児童手当の引き下げなど、小さな子どものいるご家庭にとって厳しい状況が続きますが、実は子どもがいるともらえるお金もあります。

まず、医療費助成制度。小学校もしくは中学卒業程度まで医療費の全額あるいは一部が補助されます。また、子どもを産む時には、**子ども1人につき42万円の出産育児一時金が支給**されます。さらに、職場で健康保険に加入している方は、**産前42日、産後56日の間、給料の3分の2が出産手当金として支給**されます。

POINT

子どもがいると、もらえるお金がある！

4 支払った保険料の2倍の年金を支給!? 生活実態を反映しない「所得代替率」のカラクリ

政府が高齢者の受け取る年金支給額を保障する「物差し」に所得代替率があります。２０１６年の臨時国会で民進党（当時）の長妻昭議員が追究したことでも話題になりました。政府は、現役の平均的な年収に対し年金は50％以上出すと公約し、安倍首相も確約しています。

50％というのは高齢者がもらえる年金を現役世代の平均的な収入で割ったもの。長妻氏の指摘は、**分母となる現役世代の収入からは税金や社会保険料を引いているのに、分子の高齢者がもらう年金には税金や社会保険料が含まれている。**その結果、たくさんもらえることになり約束している50％は維持されるものの、計算方式としてはおかしいという指摘。

確かに、どちらも手取りにするか、もしくはどちらも税金や社会保険料を含めて試算しなくては、支給割合は高くなるという結果になります。

これに対して塩崎恭久厚生労働大臣（当時）は、分母と分子を揃えると所得代替率が下がることを認めたうえで、「物差し」としての役割を果たせないこともありうる、と述べました。

そもそも、**年金試算のモデルケースの夫婦は、20歳で結婚して妻は40年間専業主婦、夫は40年間サラリーマンで給料は右肩上がり。モデルケースというよりも、レアケース**です。では、なぜこんなありもしない設定をしているのかといえば、このケースだと、奥さんは一銭も保険料を払わずに年金を満額受け取れ、ご主人の給料もどんどん上がっていくのでたくさん年金が受け取れる数字になるから。

さらに、驚くのは厚生労働省が発表している「厚生年金（基礎年金を含む）の世代間における給付と負担の関係」のカラクリ。**今の41歳のサラリーマンの場合、保険料の負担額3900万円に対し年金給付額が9600万円で、払った額の約2・4倍をもらえると宣伝しています。**この数字を見て、2倍以上もらえるならいいかと思う人もいるでしょう。

ところが、この数字には、なんと会社が払っている厚生年金の保険料は含まれていないのです。

例えば、サラリーマンが給料から保険料を1万円差し引かれたとします。保険料は労使折半なので会社も1万円払います。つまり、2万円の保険料を国に納めるので、その2・4倍なら4万8000円だと誰もが思う。けれど、実際にもらえるのは2万4000円。なぜなら、会社が負担した分はいつのまにかどこかに消えてしまっているからです。

しかも、忘れてはいけないのは、年金の支給額の半分は税金だということ。税金分は、保険料を一銭も支払わない免除者でももらえます。つまり、**税金分を除くと、2倍どころか半分しかもらえない**ことになります。

2004年、小泉純一郎首相（当時）が掲げた〝痛みをともなう改革〟で、政府は「100年安心、現役の収入の50％以上は保障する」と豪語しました。けれど、この前提は物価上昇率1・0％、名目賃金上昇率が2・5％、年金積立金は運用利回り4・1％が100年続くという、ありえない前提でした。しかも、2009年の検証では、上がっていない賃金を考慮してその年の賃金上昇率は0・1％でしたが、どういうわけか2010年になるとなんと3・4%に超急上昇する設定にした。苦し紛れの数字合わせで、賃金の数字をここまでごまかすか！

今の計算方式では所得代替率は高く算出され、生活実態に合わなくなっている年金額の割合や、ありえない賃金・物価の上昇率も、年金不信を招く原因のように思います。

所得代替率とは、かなりのレアレースをもとに算出された数字であることをきちんと把握し、惑わされないようにしなければなりません。

POINT

所得代替率は年金支給の目安にはなりません！

5 安倍首相と黒田総裁の任期延長が日本に大不況をもたらす引き金になる!?

安倍首相が、「総裁は２期６年」という自民党の党則を「３期９年」に変えて、２０２０年の東京オリンピックまで続投するようです。

ただ困るのは、そうなると、本来２０１８年には任期満了で退陣するはずの黒田東彦日銀総裁も、任期を延ばして23年まで総裁を続ける可能性が高いこと。

２０１８年2月16日、衆参両院議員運営委員会理事会に、再任を求める人事案が提示されましたから、本書が発売される頃にはもう決まっていることでしょう。

そうなれば、**すでに失敗している「２％物価上昇」をさらに先延ばししてダラダラと金融緩和を続けることになり、そんな日銀を誰も止めない**。なぜなら、目標が達成できないまま黒田総裁が退陣すると、アベノミクスは失敗に終わったということになるから。アベノミクスでは、安倍首相と黒田日銀総裁は、一蓮托生《いちれんたくしょう》。それだけに、黒田総裁もいっしょに任期を延ばすでしょう。そして、**出口が見えない金融緩和を、オ**

リンピックが終わるまでダラダラと続けなくてはならないことに。

結果、オリンピックという一大公共事業が消滅して不況になるだけでなく、アベノミクスでやりたい放題だった政策の後始末を余儀なくされて、**日本は大不況に陥る。**

こんなことは、あってほしくないのですが、このあってほしくない状況に、なんだか一歩ずつ近づいているようで怖い。しかも、**家計はすでにオリンピック後の大不況を予見**しています。2018年1月の消費者物価指数は前年同月を1・4％上回りました。同様に、全国の先行指標と言われている東京都区部の消費者物価指数の速報値は、前年同月を1・3％上回り、どちらもプラスに上昇してはいますが、まだまだ油断はできません。将来が不安で財布の紐《ひも》は固くなりっぱなし。これは、日本経済にとっては厳しい状況ですが、個々のご家庭の自己防衛という面からみれば、正しい選択だと言わざるをえません。

黒田総裁が任期を延長し、その間ずっと年間80兆円の国債を買い続ける異次元の金融緩和が続けば、日本の借金1000兆円はすべて日銀が買い取ることになります。そうなれば、日本は借金ゼロのピッカピカな国になる。確かに、親会社の借金を子会社が引き受けるので国の借金はなくなる。けれど、そのかわり借金を引き受けた子会社はボロボロになる。日銀は、ＥＴＦ（上場投資信託）で日本株も買いまくっています。２０１８年中に、２２５銘柄のうち日銀が４分の１の筆頭株主になるとの見方もあり、だとすれば、黒田総裁が退任する頃には、半分以上の企業の筆頭株主になっているかも。そうなれば、市場は「売らない大株主」が存在するわけですから、日経平均は維持される。けれど、これも、日銀をボロボロにする。**アベノミクスを続けることで国は良くなっても、子会社日銀はボロボロになっていくでしょう。**

黒田総裁は、アベノミクスと心中する覚悟なのかもしれませんが、中央銀行がボロボロになると、市場の反乱を抑えられなくなります。劇薬には、副作用も大きい。焼け野原になる前に、撤退への道は模索できないのでしょうか？

POINT

オリンピック後の大不況に備え、今から財布の紐はしっかりと！

6 トランプ氏が大統領に就任し、なぜ日本の物価が上がるのでしょうか

少し前の話になりますが、2017年1月にアメリカでトランプ政権が誕生。円安が進みました。トランプが減税と財政出動を積極的に行って景気を良くするだろうと読んで、円を売ってドルを買う人が増えたのです。しかも、2016年12月には、FRB(連邦準備制度理事会)のイエレン議長が1年ぶりに利上げをしたことで日米金利差が開き、金利の高いドルが買われて円が売られ、円安が加速しました。

トランプ政権誕生以前は1ドル103円から105円の間をうろうろしていた円が、1カ月ちょっとで120円近くまで大幅下落したのです。円安になるということは、輸入大国の日本では、輸入品の価格が上がるということ。つまり、**私たちの生活もダメージを受ける**ことになります。

日本では、食卓に上がるものの約7割は輸入品といわれていて、国産と表示されている牛や豚の肉も、飼育する飼料の9割以上は輸入に頼っているため、**円安になると**

価格が上がります。

ただし、こうしたものは、為替が円安になったからといってすぐに値上がりするわけではありません。輸入品は、オーダーされてから船便などで送られ、スーパーの店頭に並ぶまでに３カ月ほどかかります。ですから、**円安の影響でみなさんが「ずいぶん食料品が高くなった」と実感するのは３カ月過ぎたころから**ということになります。

もちろん、原油などは為替の影響がすぐに出やすいし、ＯＰＥＣ（石油輸出国機構）の減産合意で価格も底を打っているので、すぐに値上がりし、ガソリン代や電気代に影響します。ただ、原油はそれだけに使われているのではなく、ビニールハウスで果物を育てたり、衣類やさまざまな製品に使われたりしています。ですから、こうしたものが値上がりしてくるのもやはり３カ月過ぎたあたりからということになるでしょう。結果、どういうことが起きるかといえば、**値上げで家計が苦しくなるだけでなく、給料も上がらなくなる可能性があります。**

円安になれば輸出企業は儲《もう》かるといいますが、このほとんどは製品の輸出量が増えるためではなく、為替が円安になるから。財務省の貿易統計を見ると、日本の輸出依存度は15%ほど。日米貿易摩擦の激化で、1981年のレーガン政権以降、アメリカから内需拡大と市場開放を迫られ続けて、日本経済はすでに内需依存型になっています。しかも資源国ではないので、さまざまなものを海外から買わなくてはならなくなっています。

つまり、**為替が円安になると輸入するものが値上がりするので利益が減る企業が多い**。しかも、トランプは、一部ではレーガンの再来とも言われて、「アメリカファースト」を旗印に日本に無理無体な要求をしてくる心配があります。

こうした状況の中で、たぶん「気を引き締めなくては」と思っている経営者は多い。円安で儲かるはずのトヨタの労働組合さえも、2018年春闘ベアは前年と同じ3000円ですから、円安で損をする多くの内需企業の給料が上がるわけはない。

さらに、トランプ大統領はTPP(環太平洋パートナーシップ協定)の離脱を表明しました。TPP加入を政権公約に掲げていた安倍政権にとっては大打撃。日本は2017年12月、EUとEPA(経済連携協定)で交渉妥結し、「こちらと組みますよ」という圧力をアメリカにかけて、アメリカのTPP復帰を促そうとしています。

トランプ大統領の復帰をにおわせる発言もありますが、どうなるかは分かりません。ただ、**問題なのは、ＴＰＰでもＥＰＡでも、日本が関税を下げなくてはならないのが農産品だということ。**

実は、アメリカやＥＵの農家は、莫大な補助金で支えられています。なぜなら、21世紀は飢餓の時代と言われています。日本は、少子化による人口減少が進んでいますが、世界の人口は爆発的に増えています。なので、いざ食糧難になった時に、農業は、自国民を飢えさせない安全保障の一環と位置づけられているからです。

農業は時間もコストもかかり一朝一夕にはできないので、しっかり補助金で農家を育成しようというのが彼らの考え方。生産して余ったぶんが、今、世界中に売られています。

ところが、日本にはこうした発想がない。**農家を潰して自動車ばかり売ろうとする。**

確かに、関税が下がって安いチーズがどんどん入ってくるのはいいですが、食糧難になったら、彼らは日本に食料を売らなくなるということも考えておくべきでしょう。

そういう意味では、食料の安全保障を軽視している日本は、将来的には大きなツケを払わされるかもしれません。

円安で輸入品の価格は高くなりますが、円高になると輸入品は割安に入ってくるので逆に安くなります。最近はあまり見かけませんが、少し前までは円高になると「円高還元セール」がありました。なぜ、なくなってしまったのかと言えば、デフレで企業の利益が減ってしまっているので「還元セール」で利益を吐き出すことはできないから。

そんな中でも、デフレでモノが売れないので、少しでも売るために**「円高還元セール」と銘打って安値販売するところもあります。**こうしたところは、見逃さない！

POINT

円安だけど「還元セール」開催中のお店は要チェック！

7 原発事故の賠償や廃炉費用21兆円 政府は国民にその内訳を明らかにすべきです

2017年は、2月、3月、4月と連続して電気代が値上がりしました。4月の値上げは、原油や液化天然ガス、石炭など火力発電所の燃料価格が上がったためです。1月にアメリカのトランプ大統領が就任し、その影響で為替が大きく円安になりました。5月の電気料金には、2016年12月から2017年2月の為替が反映されますから、その影響で5月も電気料金は値上げされ、北陸電力は2018年4月から電気料金を値上げすることをすでに発表しています。

さらに、**原発事故の賠償や廃炉の費用での値上げが私たちの家計を待ち受けています。**これまで**廃炉の費用は2兆円と言われていました。**ところが、核燃料が溶け落ちていることが判明して、政府は8兆円かかると言い出しています。**賠償などと合わせた額も、従来は11兆円でしたが、2017年、約2倍の21兆5000億円に跳ね上がっています。**ただ、これで終わりかといえばそうではなく、多分、発表するたびにどんどん上がっていくはず。なぜなら、実のところ、廃炉にいくらかかるかなんて誰も分かってはいないからです。

福島原発は40年かけて廃炉処理をするといいますが、事故から6年経っても、メルトダウンしている1号機から3号機までは放射線量が高すぎて近づくこともできない状況。やっとロボットを使って2号機の格納容器にメルトダウンしたと思われる核燃料があるらしいということが分かった程度。

溶解した燃料の写真を撮るだけで6年もかかっているのに、どうやってそこに入り、作業をするのでしょうか。その作業のめどさえ立たないのに、残り34年で処理が完了するわけがないでしょう。多分40年というのは、そのくらいでできればいいなという希望的観測も含めた、大雑把《おおざっぱ》につけた数字なのでしょう。

大雑把といえば、**処理費用もかなり大雑把**。そうでなければ、11兆円がいきなり21兆5000億円になるはずはないでしょう。ただ、このお金を40年かけて電気代で支払っていくのはほかでもない私たち。それだけは大雑把ではなく、きっちり決まっています。当初は、各ご家庭で年間200円くらいでしたが、**今後、これもどこまで上**

がっていくのか、何年続くのかは定かではありません。

そんな中、安倍首相は、2021年度末をめどに、福島県内の「帰還困難区域」の避難指示の完全解除を目指すと言いました。

福島県では、まだ7市町村、約2万4000人が、放射線量が高いふるさとへの立ち入り制限をされています。ここに、人々を帰すというのですが、山も木も放射能汚染されている場所に帰っても、本当にもとの生活に戻れるのでしょうか。復興庁の住民意向調査では、帰ろうと考えている世帯は、原発周辺4町では、1割程度しかいないようです。その復興庁も、2020年度末までには廃止され、そのあとどこが復興を引き継ぐのかは未定です。2018年1月の段階で、東北では、いまだに約7万5000人が避難生活を強いられ、3万人以上が仮設住宅暮らしをしていて、これまでに3000人以上が災害関連死しています。

家計も、電気代で廃炉費用を支払い続けていく。すでにひとごとなのは、次々と原発を再稼働させている政府だけでしょう。

多くの人が省エネを心がければ、原発を減らすこともできるのではないでしょうか。

例えば**東京都では、省エネアドバイザーを認定したり、「家庭の省エネハンドブック」を発行したりして、**自治体や町会、ご家庭に対して省エネのアドバイスをしています。また、**環境家計簿アプリの無料ダウンロードを可能**にし、毎月家庭で排出している二酸化炭素の量を把握できるようにしています。東京都に限らず、多くの自治体が省エネに積極的に取り組んでいるので、ネットなどで調べてみるといいでしょう。

●「家庭の省エネハンドブック」

https://www.tokyo-co2down.jp/file/HB2017_all.pdf

●環境家計簿アプリ

https://www.tokyo-co2down.jp/action/account/application/

POINT

省エネで原発に頼らない生活を実現し、家計も守る

8 国民年金、生命保険、たばこに切手とまだまだ値上がりは続きます！

２０１７年4月、車やオートバイを所有する人が必ず加入しなければならない自賠責保険（自動車損害賠償責任保険）の保険料が下がりました。

その理由は、交通事故の件数が12年連続で減少。死亡者数も減り、保険金の支払いが少なくて済むようになったため。下げ幅は5～10％。

値下げされるものがある一方で、値上がりするものもあります。実は、**値上がりのほうが圧倒的に多い**のです。

まず、**国民年金の保険料**。２０１６年度は月１万６２６０円でしたが、２０１７年度からは月１万６４９０円。２００８年度が月１万４４１０円ですから、**ここ10年の間に、なんと月２０８０円、年間では2万４９６０円も値上げされています。自営業者の場合、夫婦ともども国民年金という方が多いので、２人分で年間約5万円の値上げで、かなりな負担増です。**

日銀の「マイナス金利」の影響で、**生命保険の保険料も上がりました。**かんぽ生命の終身保険や学資保険の保険料だけでなく、民間でも運用が難しくなるぶん保険料の値上げが相次いでいます。ただし、生命保険の運用利回りは、加入した時に最後まで約束されるので、すでに加入している人には関係ありません。

たばこも、2017年4月から国産6銘柄が1箱30円の値上げ。外国たばこも次々と値上げ、加熱式たばこも対象になるようです。燃油サーチャージも上がりました。そのほか、タイヤやオリーブオイル、小麦粉（政府売渡価格）、のりなども値上がり。さらに5月にはティッシュペーパーやトイレットペーパーなどの紙類が、6月には、はがきが62円に上がりました。

そんな中、**上がらないのは給料。**人手不足でバイトの時給などには一部改善も見られますが、日本の給料をリードする自動車大手などの春闘の回答を見ると、昨年に比べてトーンダウンしています。

では、この先、給料はどうなっていくのでしょうか。

昨年は景気が良かったこともあって給料が全般的に上がりましたが、そんな中、**対**

前年比で減っているのが45歳から54歳の中間管理職や管理職の給料。しかもこのゾーンは、今後も給料が減る可能性があります。

大和総研の試算によると、政府が進めている「働き方改革」で残業の総額が８・５兆円減るそうです。実は、政府試算でも４～５兆円の残業代カットとのこと。**年収600万円の人なら、年間収入が10～15万円減ることに。**

しかも、年齢が上がって給料も上がると、「高度プロフェッショナル制度」で成果主義に移行する企業が出てくるので、働きづめなのに給料が増えないということになるかも。今から、対策を考えておいたほうがいいでしょう。

POINT

気をつけないと、「働き方改革」で給料の手取りが減るかも！

9 世界が手を引いたカジノ産業に今から参戦する日本は公営ギャンブルに甘すぎる

先日、仕事先で、アメリカのカジノで会計係をしていたという方に会いました。「カジノ法案、どう思いましたか?」と聞いたら、「**アメリカでは、カジノはすでに斜陽産業**。日本は、今からカジノですか?」といぶかしげに言っていました。

アメリカでも、ラスベガスはカジノの町として発展していますが、全米第2位のアトランティックシティーのカジノは、経営がどんどん悪化していて大変な状況になっています。

アトランティックシティーには、トランプ大統領が1990年に「世界最大のカジノ」と銘打って建てたトランプ・タージマハル・カジノリゾートがありました。最初はマイケル・ジャクソンなどを宣伝に使って、上客も多く繁盛していたようですが、「カジノは儲かる」ということで乱立したために客が減り、従業員をリストラしたことで労使紛争が起きてサービスが低下。客が減って施設のメンテナンスもままならなくなり、トランプ氏は何度も破産を申請。ゲームでの勝率も落ちてさらなる客離れが進み、ついにトランプ氏の手に負えなくなりました。その後、経営者が次々と変わり、青息吐息でやっていたのですが、ついに２０１６年10月に完全閉鎖に追い込まれました。

ちなみに、アトランティックシティーは、１９７８年にカジノが華々しくオープンし、２００６年までは順調に売り上げを伸ばしていたのですが、２００７年以降客が減り続け、**2014年には2006年に比べて売り上げが5分の1に激減**しています。

主な原因は、アメリカ東部の各州でカジノが合法化され、乱立したため。

しかも、アメリカで甘い汁を吸ったカジノ資本が、その後、マカオ、シンガポール、韓国、マレーシア、フィリピン、ベトナム、カンボジアなど次々にアジアに進出し、カジノ乱立で日本のバブル末期のような様相を呈しています。

そんな中、カジノに振り回されなかったのは日本とタイで、タイでは「アメリカのカジノ資本は国に入れない」という国王の見識でご法度に。ですから、日本の扉をこじ開けたことは、カジノ資本にとっては長年の念願が成就したということでしょう。

もう一つ、**海外のカジノ資本がどうしても日本に来たい理由に、日本にはギャンブル依存症の人が多いということがある**ようです。

厚生労働省が2017年に成人1万人を対象に行った調査によると、**ギャンブル依存症の疑いのある人は3・6%**で、国勢調査のデータに当てはめると約320万人にのぼる計算になるそうです。他の国が1〜2%なのに比べると、断トツの多さです。

もともとギャンブル大国なのだから、こうした人たちをカジノに振り向かせれば難なく客を獲得できると彼らは計算しているのでしょう。

しかも、**日本政府は、公営ギャンブルには甘い。**アメリカではカジノに携わる人たちはギャンブル依存症についての専門的な教育を受け、客が自分の生活をギャンブルで破壊しないよう注意しなくてはいけないことになっているそうです。けれど日本では、パチンコ屋に日がな一日いても、「お客様、そろそろ金額がかさんでいますよ」などと注意する店員など皆無。

カジノで外国資本を大量に呼び込んで、その後になにが残るのか。これを、「成長戦略」などという安倍政権の気がしれません。

ギャンブルは、のめり込んだら怖い。

それでもちょっとギャンブルがしたいというなら、持ち金で、ダメージを受けない程度でやりましょう。

例えば、「宝くじ」のようなものなら、運試しのつもりでできるでしょう。しかも、スルガ銀行などいくつかの銀行では、預金をすれば宝くじをくれます。また、**地方銀行や信用金庫の中には、最高10万円が当たる懸賞金付き定期預金などを行っているところも。**こうしたものなら、当たらなくても損はありません。

POINT

家庭の「ギャンブル」は、宝くじ程度にとどめましょう

10 LINEなりすましから写真で指紋認定まで オレオレ詐欺は高齢者だけの問題ではありません

「オレオレ詐欺」に引っかかるのは高齢者ばかりと思いきや、最近は、**多くの若者が「オレオレ詐欺」まがいの被害にあっていて、今後さらに拡大しそうです。**

新手の「オレオレ詐欺」に、LINEを使ったものがあります。手口は、まず友達になりすまし、アカウントから電話番号を尋ねます。

アカウントをどうやって入手するかといえば、実は先日私のところにも「お客様のLINEアカウントに異常ログインされたことがありました。お客様のアカウントの安全のために、ウェブページで検証してお願いします。こちらのURLをクリックしてください」(原文ママ)というメールが来ました。たぶん、ここにあるURLをクリックすると、**簡単に個人情報を盗まれてしまう**のでしょう。

出会い系サイトで、女性を装って「マジで交際したいので、電話番号やIDを教えて!」といって情報を集めるケースもあるようです。

こうしてアカウントを入手したら、「スマホをなくしちゃって大変なの。携帯番号教えて！」などというメールが来て、「そそっかしいな」などと思いながら電話番号を教えると、「さっき教えてもらった携帯番号に4桁の認証番号が届いたら教えて」というようなメールが来ます。認証番号を入手できれば、詐欺師は本来の持ち主になりすましてアカウントを新規登録。すると、**本来の持ち主は自分の携帯電話で操作できなくなります。**

これで、実際に事件が起きています。前述の手口でAさんのLINEを乗っ取った犯人が、Aさんになりすまして友人のBさんに、「忙しくてコンビニまで行けないけれど、どうしても仕事で必要なので、近くのコンビニでプリペイドカード5万円分を買って、買った番号の写真を送ってほしい」というメッセージを送ってきました。Bさんは、親しいAさんの頼みなので急いでプリペイドカードを買い、番号の写真を送りました。当然ながら番号を送られた詐欺師は、すぐさまネットでそれを受け取って姿をくらましてしまいました。

「携帯電話が壊れて、LINEを登録し直すので、電話番号を教えて」などということを言ってくるケースもあるようです。**被害にあったほうは、金品を騙し取られたうえに認証番号が改ざんされてＬＩＮＥが使えなくなる**ので、踏んだり蹴ったりになります。

家族や友人であってもＬＩＮＥの認証番号は教えない、電子マネーの購入依頼のメッセージが来た場合も、相手に直接電話して確認することなどを心得ておきましょう。

ＬＩＮＥに限らず、これからはネットを使った詐欺が増えていきそうです。

例えば、キャッシュカードや携帯電話で使われる**「指紋認証」を悪用**するケース。

最近は、携帯電話などでもカメラの技術が向上していて、３メートル以内で撮られた写真で、２本の指を突き出す「ピース」をすると、その２本の指の指紋がはっきりと写ります。それをＦａｃｅｂｏｏｋなどにそのままアップすると、写真をもとに指紋を解析して本人になりすますことが可能になるのだそうです。

油断も隙《すき》もないですが、こうした時代になっているので、おかしいと思ったら相手に直接電話をして聞くなどのアナログな対応も大切になってくるかもしれません。

最近は、銀行に預金してもお金が増えないので「タンス預金」をする人が増えているようです。ゴミの中から多額のお金が出てくるケースも、ゴロゴロあります。

けれど、**「タンス預金」は、詐欺に遭いやすい。**

オレオレ詐欺に狙われても、現金を銀行に預けておけば、**銀行の窓口での阻止率は90％以上です。一方、家にあるとすぐにお金を相手に渡すケースが多いようです。**

ＬＩＮＥ詐欺のような新手のものから、オレオレ詐欺のような古典的手口まで、あの手この手で詐欺師は狙ってきますから、くれぐれもご注意を！

POINT

「タンス預金」は、詐欺に狙われる！

11 東京は「ダブル老化」が進行中
今こそ、小池都知事に「都民ファースト」の見直しを！

２０１７年10月に行われた衆議院選挙では希望の党が惨敗を喫し、党の代表を務めた小池百合子知事は、12月の定例会で、改めて都政に専念することを表明しました。

私は、以前は従来型の都政を変えるためにも、小池知事には頑張ってもらいたいと思っていました。２０１７年度の予算案の概要を発表する際、メリーちゃん、ハリーくんというキャラクターを登場させ、予算のメリハリを強調するなど、さすが小池流、見せ方が上手だと思いました。白黒の文字が多い、読みにくい今までの予算案にくらべると、カラーでグラフが多くポイントも上手に説明されていたと思います。

ただ、予算案の中身を見て、不安を覚えました。ちょっと都民受けを狙いすぎている気がしたからです。しかも、すぐあとの都議選で大勝したため、都政を放り出して国政に乗り出したことでガッカリしました。選挙に大敗したことで再び都政に戻ったようですが、もう少し地味なところにも光を当ててほしいと思います。

　これからの**東京にとっての大問題は、人の高齢化と建物の老朽化の「ダブル老化」**。

現在東京の人口は約１４００万人（１３，７５４，０５９人、２０１８年1月現在）で、このうち65歳以上の高齢者は、日本の高齢者３５１４万人のほぼ1割に当たる３０５万人。人口自体は少子化の影響で20年から減り始めますが、人口は減っても高齢者は増え、30年には約３６０万人になるといいます。

東京では４人に１人（24・３％）が高齢者であるという事態になることも予想されています。しかも、２０１７年の時点で特別養護老人ホームは約2万４０００人待ち。かといって在宅介護をしようにも、**東京は家が狭いので親子同居が難しい。つまり、介護が必要になっても１人で暮らさざるをえないご老人が急速に増えてくる**ということです。

　一方で、社会インフラの老朽化も急速に進みそうです。

　東京都内には、築30年以上のマンションが約50万戸あります。これが10年経つと建て替え時期に入ります。けれど、ほとんどの民間マンションは住民の高齢化などで建て替えできない状況です。

さらに、下水道などの生活インフラも老朽化しています。下水道の耐用年数は50年と言われていますが、すでに約1割が耐用年数を超えています。また、道路や建物など、1964年のオリンピックを機につくられたものも多く、こうしたものも50年を超えていて、10年後には60年を超えます。

都の予算案を見ると、未来志向というだけあって子どもへの予算配分や新規事業は増えています。けれど、東京が抱える二つの老化の問題については、あまり措置が取られていない気がします。

例えば、保育士の給料については予算が上乗せされていますが、**介護人材の確保・育成・定着については、予算が昨年に比べて2割ほど減らされています。**

LED電球への交換や豊かな自然の創出などでは200億円ほど予算が増えていますが、一方で、木造住宅密集地域の不燃化・耐震化や建物の耐震化の促進予算は120億円ほど削られています。

確かに住まいの環境を改善することは大切ですが、東京が抱える「ダブル老化」の不安に加え、いつ起きるか分からない地震などの災害に備えておくことはより重要でしょう。

地味な政策では目を引かないと思っているなら大間違い。都民は、しっかり見ているし、まだ小池さんに期待も応援もしています。

まず、何をおいても都民の命を守る。これが、最大の都民ファーストではないでしょうか。

POINT

小池都知事の政策をきっちり見守りましょう！

第3章 その節約術、間違っていませんか？ 貯めてるつもりが損してる!?

1 ますます複雑になるパート主婦の「収入の壁」気にすべきなのは「130万円の壁」!

これまで、夫（世帯主）がサラリーマンだったり、ひとりで自営業を営んでいたりした場合（青色申告、白色申告の事業従事者でない）、妻の年収が103万円以下だと、夫は所得から38万円の配偶者控除を差し引くことができました（住民税は33万円）。また、夫の年収が1220万円（年間の合計所得金額が1000万円）以下なら、妻の年収が103万円を超えても、141万円までは夫は配偶者特別控除も受けることができました。

この**「103万円の壁」が、2018年からは大幅に引き上げられて150万円になりました**（正しくは、配偶者控除は103万円までですが、配偶者特別控除が150万円まで配偶者控除と同額ついています）。さらに、配偶者特別控除も201万5999円ならまでつくようになっています。

ただし、夫の年収が1220万円を超えている人は、配偶者控除そのものが受けられなくなりました。また年収１１２０万円（合計所得９００万円）以上は、控除が段階的に減ります。

配偶者控除の１０３万円の壁を気にして、それ以上は稼がないようにしていたという話も聞きますが、実は一般的なご家庭の主婦なら、**１０３万円を超えて住民税や所得税を払っても、家計全体の収入を考えると増えるご家庭がほとんど**でした。それでも、気にする人が多かったのですが、今年からは、それが全くなくなったということです。

また、パートで働く妻には「１０６万円の壁」も存在します。

実はこの１０６万円の壁というのは、税金の壁ではなく社会保険料の壁です。現状では、収入が１０６万円を超えても、会社の社会保険には加入せずに働くパートの主婦の方がたくさんいます。また、従業員数５０１人以上の会社で働いていて、年収が１０６万円を超えていても、月に常に８万８０００円を超えている必要があるので、ある月は７万円だったなどという人は、会社の社会保険には加入できません。

ですから、こうした人は国民年金、国民健康保険に加入することになりますが、**サ**

ラリーマンの妻の場合、第3号被保険者なので、パートの収入が129万9999万円までは夫の扶養に入れます。夫の扶養に入っていれば、社会保険料は夫が加入している厚生年金から出してもらえることになっています。ですから、自分では保険料を支払わなくても、病気やケガをしたら国民健康保険が使えますし、将来、年金をもらったり、障害年金、遺族年金なども受け取ったりすることができます。

ただ、収入が130万円になった途端に、それまで払わなくてよかった**国民年金保険料、国民健康保険料の合計額約25万円を、自分で支払わなくてはならなくなります。**

そうなると、**配偶者控除が使えてもマイナスのほうが大きくなる可能性**があります。

ですから、パート主婦が一番気にしなくてはいけないのは、130万円の壁。ここを超えるなら、収入を160万円くらいまで一気に増やす働き方を考えましょう。

POINT

収入の壁に悩むより、増やすことを考えましょう！

2 政府が進める「3世代同居」の大家族政策 陰には社会保障を家庭に担わせる意図が見え隠れ

政府が、大家族政策を進めています。２０１６年度の国土交通省の予算を見ても、３世代同居が重要視されていて、省エネ住宅の建設には最大で１６５万円の補助金が出ますが、その家が3世代対応だと30万円加算されます。また、リフォームでも3世代同居を目的にしたものは最大で50万円の補助金がつくし、税制面でも、**キッチンや浴室、トイレ、玄関を複数にする改築を行えば、最大で25万円を所得控除**してもらえます。この措置は２０１９年６月まで続く予定です。

みなさんは3世代同居の「大家族」というと、どんな家庭を思い浮かべますか。私は、サザエさん一家のように騒がしい3世代7人家族の中で育ったので、3世代同居には楽しい思い出しかありませんが、みんながみんな、そうではないでしょう。

多くの方は、核家族で育ち、それぞれのプライバシーを大切にする生活に慣れていて、騒がしいのは嫌という人もいることでしょう。

政府が支援する3世代同居住宅では、キッチンや浴室、トイレ、玄関が1つの家の中に複数あることが条件で、個人のプライバシーもそこそこに守れるといいます。けれど、キッチンや浴室、トイレ、玄関が2つも3つもある住宅というのは大豪邸で、特に地価が高い都会では、**政府が支援できるような家を持てる人は、ほんの一握りのお金持ちに限られるでしょう。**

確かに、若い人でも経済的に苦しいので同居を望むという人は増えています。親世代でも、子どもと同居することで老後不安を減らそうと考える方もいるでしょう。

ただ、だからといって、今の60代の親が、昔のお年寄りのように日がな一日孫のおもりをして暮らすのかといえば、そうではありません。**いまのシニアは、アクティブシニアと呼ばれ、自分でやりたいことが山のようにあって、とても孫の面倒を見るどころではない**という人も多いようです。

また、家がよほど広ければ別ですが、壁に耳を当てれば隣の声が聞こえるような家なら、子づくりだって難しいかもしれません。

政府は、**高齢者が孫の面倒を見て嫁がバリバリ働き、高齢者が要介護状態になった**

ら嫁が面倒を見る「家族間の助け合い」を前提に3世代同居を推進しています。

ただ、厚生労働省の統計を見ても、2016年の3世代同居世帯は全体の約6%。2001年には約10%でしたから、年々減っていることになります。

まだ少ない3世帯同居ですが、「節約」という面で見ると、メリットもあります。

同居を前提として家を建てるなら、3軒家を建てるよりも1軒の方のほうが安いし、**住宅ローンも、親子リレーローンにしてそれぞれが負担すれば、支払額は少なくて済みます。固定資産税なども3世帯で割れば割安になります。**さらに、家族と同居していると、相続税などの軽減もあります。

また、水道、ガス、光熱費などの生活インフラも、それぞれが支払うよりも割安になります。ただし、メーターは一緒でも、かかった費用はきっちり3軒で割るなどのルールをあらかじめ決めておかなくてはいけません。

加えて、生活のさまざまな面での支え合いも、3世帯が一緒ならしやすくなります。共働き世帯などは、夫婦だけで家事や育児をするのが大変なこともあるでしょう。そんな時、ちょっと手を貸してもらうことが可能です。インターネットで探したベビーシッターに子どもを預けて事件になったケースがありましたが、少なくともこうしたことは防ぎやすくなります。

さらに、高齢者にとっても精神的な安心感につながります。今の2世帯住宅、3世帯住宅は、玄関も別で、完全にプライバシーが遮断できるようになっています。ですから、それぞれがプライバシーを守りながらコミュニケーションをとっていくことも可能でしょう。こうした構造ならば、親が他界したら、アパートとして他の人に貸すこともできます。

POINT

2世帯・3世帯住宅で、将来はアパート経営。

3 中古マンションを買うなら、見た目に惑わされず中身を重視しましょう!

超低金利で政府が大型住宅ローン減税（10年間で最大400万円控除）を制度化しているにもかかわらず、**首都圏では新築マンションの売れ行きが不調**だそうです。不動産経済研究所の発表では、2017年度の首都圏の新築マンション発売戸数は3万5898戸で、契約率は68・1％。70％を切ったら大変と言われている契約率がこの状況では、本当に売れていないということです。

原因は、建設ラッシュによる資材の高騰や人手不足で物件価格が上がっているのに、給料がさっぱり増えていないから。

首都圏の新築マンションの平均価格は5908万円と、前年から418万円も上がっています。一方、国税庁が出している平均給与を見ると、この5年間で約8万円も下がっています。しかも、給料が下がっただけでなく、増税、社会保険料のアップ、物価高などで、それ以上に手取り額は下がっています。

これでは、マンションを買う意欲などはでてこないでしょう。

その一方で、**中古マンションの売れ行きは順調なようです。**東日本不動産流通機構によると、首都圏の中古マンションの売れ行きは2017年に入っても、前年同月比でプラスが続いているのだそうです。中古マンションも価格は上がっているのですが、**中古マンションはどんなに築浅物件でも新築価格の6割程度**なので、予算的にも見合うのでしょう。

しかも、今はリノベーションの技術が飛躍的に向上しています。

リフォームは、新築の状況に復元する作業をメインとしていますが、リノベーションは今までの部屋をまったく別の空間にしてしまう作業です。古くなった壁紙やキッチンを新しく取り替えるといったレベルの作業ではなく、間仕切りをなくして広々としたリビングに間接照明を取りつけ、対面型のキッチンや床暖房、バリアフリーを導入するなどして、居住空間をガラリと変えてしまうといった改装がリノベーション。

新築マンションがあまりに高値になってしまったので、**中古マンションを買って、1000万円くらいかけて自分好みの住まいにしよう**という人が増えています。

見かけはきれいでも、躯体はリノベーションできない!

美容に例えれば、リフォームが若い頃に戻ったように見せるお化粧なら、リノベーションは、根本的に顔を変えてしまう整形手術。そういう意味では画期的なのですが、問題は、どんなにリノベーションしても、マンションの躯体《くたい》自体は老朽化していくこと。人間もそうですが、どんなに整形手術して別人になっても、体は年相応に変化していきます。ある程度の年齢になれば、腰はまがるし目もかすむ。整形手術もいいですが、定期的な健康診断や規則的な生活で健康を保つことのほうが、将来的には大切になってくることでしょう。

特にマンションの場合、どんなに自分の住む空間を手直ししても、躯体や共用部分などマンションの本体部分の老朽化は、自分ひとりでは防ぐことはできないのです。**老朽化を遅らせるためには、躯体などをしっかり管理できるような管理組合の適正な役目が欠かせません。**

まずは、しっかり**修繕積立金を貯めているか、定期的に補修・点検が行われている**

かどうかを管理組合に問い合わせてみましょう。毎月各戸から徴収する修繕積立金の額が少ないと、将来的に充分な修繕ができずに建物の老朽化に繋がる可能性もあるので、具体的な数字も教えてもらいましょう。

また、入居者の年齢などもチェックしておいたほうがいいでしょう。**年金生活の方ばかりのマンションだと、老朽化が進んで建て替えということになっても、資金的になかなか実現しない**ケースが多いからです。

日本には現在、約６３０万戸の中古マンションがあります。10年経つと、この中の約１６０万戸が築40年を超えます。中古マンションを買うなら、見た目よりも管理などの中身をしっかりチェックする！　それが結果的に住まいを長持ちさせることにつながるのです。

POINT

中古マンション購入のカギは築年数と管理組合

4 もり、かけ、たぬき、キツネの蕎麦戦争の陰で、「社会保険料の値上げ」という月見そばの大盛りが！

森友学園問題の時もそうでしたが、加計学園問題についても、真相を解明しようとすると、それを邪魔するように金正恩《キムジョンウン》というたぬき顔が北朝鮮からミサイルを撃ってくる。

「もり（森友学園）」より「かけ（加計学園）」より「たぬき（金正恩）」が強く、世間の関心は一気に「たぬき」に集まる。しかも２０１７年後半は、太ったキツネ顔のトランプ大統領が議員の支持離れでその座から滑り落ちるのではないかと取りざたされ、２０１８年には「ロシアゲート」でさらなる追及をされそうです。そうなったら「キツネ」からも目が離せません。

最近の世間の流れは、あまりにも速くてめまぐるしく、何だかジェットコースターのように感じているのは、私だけでしょうか？

ただ、まるで蕎麦《そば》戦争のような展開の中で、忘れてはいけないのが、「月見そば」

ならぬ「隙見《すきみ》そば」。みんなが、「キツネ」だ「たぬき」だと騒いでいる間に、**政府は隙を見て目立たぬように社会保険料の実質値上げをしています。**

例えば、医療保険で治療を受けた時の「高額療養費制度」。2015年に、年収別に負担が増えるそれまでの3区分が5区分になり、高額所得者の負担の上限が引き上げになりました。この時、70歳以上75歳未満の負担上限は変わりませんでしたが、2017年8月から、70歳以上の「高額療養費制度」の負担が上がりました。現役並みの所得がある人が支払う医療費の上限が引き上げられたのです。さらに、2018年8月には、一般的な収入の人の負担も上がります。

例えば年収が370万円以上の人の場合、外来で100万円の治療をしても今までは月4万4400円の自己負担でしたが、2017年8月からは5万7600円、**2018年8月からは8万7430円、収入によっては25万4180円になります。**

値上がりするのは、医療保険だけではありません。2017年5月に、介護保険の保険料負担が2割の方の中の約12万人が、3割負担に引き上げられる改正法が参院本会議で成立。2015年に1割負担から2割負担に引き上げられて、今度は3割負担になります。

けれど、介護保険も医療保険同様に、支払い額を実際よりも下げる「高額介護サービス費」という制度があって、３割負担になったからといっていっきには介護にかかるお金が増えないようになっています。

ただ、この**「高額介護サービス費」も、２０１７年８月から世帯員の誰かが市町村民税を負担していると、以前は上限が月３万７２００円で利用できたものが、上限４万４４００円に引き上げられています。**

この先も、社会保障費は、さまざまなかたちで値上がりしていくことでしょう。ただ、それを恐れてばかりいても仕方ありません。まずは今から制度を理解して、上手に使っていくことが必要です。

前述の、**病気になった時に一定額の範囲内で治療を受けられる「高額療養費制度」は、同じ保険に加入している人なら、家族合算で負担を減らすことができます。**

例えば、75歳以上の夫婦が、治療でそれぞれ20万円の費用がかかったとします。一般的な収入の人なら「高額療養費制度」の１カ月の負担の上限額は５万７６００円で、

2人なので11万5200円になりそうな気がしますが、実は、同じ保険に加入している家族は医療費を合算できるので、5万7600円で済みます。

また、**直近12カ月のうちすでに3回以上「高額療費制度」を使っていると、4回目からは上限が引き下げになります。**

いろいろな制度があることは病院で教えてもらえます。これで負担がずいぶん軽くなるはずです。

POINT

介護、医療のさまざまな「お助け制度」をしっかり使う!

5
規格外、直売所、市民農園と野菜高騰に負けない方法を探しましょう

秋の長雨や台風などの影響で、野菜が高騰しています。

特にホウレンソウやレタスなど葉もの**野菜の値上がりは深刻で、通常の2倍以上の価格になるものも出てきています。**また、ネギ、キュウリ、ナスなど、ご家庭になくてはならない食材も高騰していて、食卓は今や大ピンチ！　けれど、ピンチはチャンスでもあります。**これを機に、安い野菜に目を向けてみましょう。**

例えば、**「規格外野菜」**。昔ながらの曲がったキュウリやデコボコなトマト、虫食いカボチャなど、市場に出回らない野菜。こうした野菜は、農協などでも引き取ってくれないために「規格外野菜」として捨てられてしまうケースもあるのです。でも、それって、もったいない！

実は、日本の食卓は、いまや海外資本に牛耳られています。同じ大きさの虫食いが

ない野菜は、従来の日本の種ではつくるのが難しく、交配種（F1種）を海外から買っています。代表的なのがアメリカのモンサント社。この会社は、今や遺伝子組み換え作物の種の世界シェア9割という巨大企業。こうしたところが、世界の種市場をほぼ独占しています。

しかも交配種は、種を取って次の年に撒《ま》くということができない一代限りの種なので、毎年買わなくてはならない。確かに生育が早く収穫量も多いのですが、こうした種は、農薬・化学肥料もセットで買わなくてはならず、農家は高い種代と農薬代を払っています。

こうした種を使わなくてはいけない責任の一端は、消費者にもあります。曲がったキュウリよりも真っすぐで均一な大きさのキュウリを求めると、どうしてもこうした種でないとできない。

農家がつくった野菜の3～4割は、不揃《ぞろ》いなどの理由で出荷できない「規格外野菜」だと言われていますが、こうした野菜は、農家も収穫しないので、そのまま放置され、畑の肥やしなどになる。もし、こうした野菜でも、美味しく調理して食べる消費者が増えれば、**農家も助かるし、家計も助かる**はずなのですが。

ちなみに、道の駅などの直売所では、こうした野菜が安く売られています。最寄りの農産物の直売所がどこにあるかは、インターネットでも探すことができます。

また**ネットでは、「わけあり野菜」ということで、こうした野菜を安く買うこともできます。**最近は、タダヤサイドットコムという、農家とダイレクトにつながり、野菜を無料で食べてもらって味に納得したら買ってもらうというサイトもできています。

野菜が高いからと我慢したり、タイムセールで売りに出されたしなびた野菜を購入したりするのは、節約にはいいかもしれませんが、食べる楽しみは得られません。こうした規格外のものに目を向ければ、思いがけず新鮮で美味しい野菜が手に入るのです。


さまざまな野菜を駆使して、節約を！

野菜が高い時には、「工場野菜」「冷凍野菜」「カット野菜」「干し野菜」なども活用しましょう。

「工場野菜」とは、もやしやカイワレ大根、豆苗、きのこ類のような工場生産される野菜。工場内で栽培されるので、天候に左右されず、価格も比較一定です。「冷凍野菜」は、旬の安い時期に一気に冷凍しているので、野菜が高騰している時には割安感があります。ちょっとした付け合わせの彩りにはいいかも。「カット野菜」は、通常の野菜のように形が良くなくても工場でカットしてしまうので、素材が安く手に入り、価格が変動しにくいです。「干し野菜」は、乾燥させるので日持ちします。日陰に干しておけば、自分でもつくれます。

中には、この際だから、自分で野菜を育ててしまおうという人もいるでしょう。そのせいか、最近は身近な**「市民農園」を借りて、野菜を栽培する人も増えています。**

例えば、知り合いで東京都練馬区に畳4枚分ほどの市民農園を借りているご夫婦は、年間約3万円の借り賃で90キログラムほどの野菜を収穫するそう。しかも、畑を通して仲間ができて、採れたての野菜をつまみに缶ビールで優雅なひとときが過ごせるのだとか。

全国の市民農園リストを掲載しているサイトもありますので、ぜひ参考にしてください。

●ＪＡファーマーズマーケット（直売所）
https://life.ja-group.jp/farm
●タダヤサイドットコム
http://www.tadayasai.com
●全国市民農園リスト
http://www.maff.go.jp/j/nousin/nougyou/simin_noen/s_list/index.html

POINT

不揃いの野菜にも目を向ければ、農家も家計も助かります！

6

食卓を美味しく賑わせてくれる新鮮でイキのいい「もったいない魚」たち

先日、佐世保魚市場から「もったいない魚」を取り寄せました。

「もったいない魚」とは、せっかく漁師が獲《と》ってきたのに、捨てられてしまう魚たち。

市場には、魚を種類別、大きさ別にして入れるトロ箱が並べられていて、魚はこのトロ箱に入れられてセリにかけられます。けれど、大きすぎたり小さすぎたり種類が揃わなかったりしてトロ箱に入らない魚があり、こうしたものは、**二束三文で養殖の餌として売られたり、中には捨てられてしまうものも**あります。

けれど、それではせっかく獲ってきた魚がもったいないということで、佐世保魚市場では、2005年から、こうした魚を飲食店や個人のご家庭に販売しています。

この「もったいない魚」に前々から興味があったので、どんなものかと家庭向けの2500円の鮮魚セットを注文しました。

数日後、届いた発泡スチロールの箱を開いてびっくり。**イトヨリ、マトウダイ、ウ**

マヅラハギ、クロダイ、カワハギ、オニオコゼ、クロシタビラメが、全部で12匹も入っていたのです。しかも、クロダイは40センチもある大魚。イトヨリも、通常は20センチぐらいのはずなのに、送られてきたものは30センチと巨大。どれも、水揚げされたままドンと送られてきたのでした。

ただ、魚は、下処理が大変。クロダイは、鱗《うろこ》を取り内臓を取り、頭を落として三枚おろしにするだけで、なんと1時間近くかかりました。

イトヨリは、塩焼きにしようと思ったのですが、魚焼き器からはみ出してしまうので、頭と尻尾《しっぽ》を落として焼きました。

オニオコゼは、背中のヒレに毒があるということで、細心の注意を払ってヒレを取り除き、空揚げに。

３匹いたカワハギは皮をむき、クロシタビラメは鱗を落としてムニエル用に。**魚は、すぐに下処理しないと鮮度が落ちるので、悪戦苦闘しながら3時間。**終わった時には、慣れない作業に疲労困憊《こんぱい》でした。

美味《おい》しかったのですが、あまりにも大量で、日持ちがするように工夫し、最後は酢漬け。食べ切るまでに、5日もかかりました。

考えてみれば、こうした魚が、サイズが合わないからという理由だけで捨てられてしまうのは、確かにもったいない。

農林水産省の調査では、**日本では年間に1700万トンの食品廃棄物が排出されているの**だそうです。このうち、本来食べられるのに廃棄されている「食品ロス」は、年間500〜800万トン（2010年度推計）。国民1人当たりの廃棄量では、世界でも上位。今、多くの国が飢えた国に食料援助をしていますが、日本で捨てられる食料は、世界全体の食料援助量の約2倍だそうです。

しかも、**市場から出荷される前の規格外野菜や規格外魚は、この中にカウントされていません**。そう考えると、どれだけの食料が無駄に捨てられていることか。

調理次第で、魚は安く食べられる

「もったいない魚」を取り寄せるのは難しいとしても、安くておいしい魚が食べたいという人は、スーパーの夕方のタイムセールを狙いましょう。**鮮魚は、その日のうち**

に売り切らなくてはならないので、夜8時台になるとほとんど半額以下。

と言っても、その頃には自宅の夕食も終わっている。夕食後に、散歩がてらスーパーに行って魚を買うのです。

そして、**刺身ならビニール袋に醤油、みりんを入れ、そこに刺身を放り込んで「漬け」に。**翌日、美味しく食べられます。切り身も、味付けしておくと日持ちします。

丸々一匹の魚なら、**傷みやすい頭や内臓を取り除き（頼めばスーパーでやってくれるところも）、塩をふって身を締めておけばチルドで次の日まで大丈夫。**水気を拭いてラップに包んで、冷蔵・冷凍もいい。焼いて、身をほぐしておくという手も。

また、**ブリや鮭のカマなどのアラは、実は他の部位よりも脂が乗っていて美味しく安い。**身がかなりついている魚なら、骨を除いてフライに。工夫次第で、節約料理を！

POINT

下処理の労苦を厭わなければ、イキのいい魚が安く手に入る！

7 思った以上に保障が手厚い公的年金 ムダに支払っている生命保険を減らせます！

国民年金や厚生年金などの公的年金に加入していれば、65歳以降に年金が受け取れるということは多くの人が知っていると思います。

以前は、年金の支給を受けるためには最低25年間、公的年金に加入していなくてはいけませんでした。しかし、**2017年10月支給分から、最低加入期間は10年になりました。**

公的年金は、老後にお金を受け取るための制度ですが、**加入者が亡くなった時や病気、ケガで働けなくなった場合などにも給付する機能があります。**

まず、加入者が亡くなった時に、一定条件を満たしていれば支給されるお金が遺族年金です。

遺族年金とは、働き手をなくしても、残された遺族が路頭に迷わないように給付されるもの。自営業者が妻と幼い子ども2人を残して他界した場合、子どもが18歳になるまで、月々約10万円の年金が受け取れます。

厚生年金などサラリーマンが加入している年金はもう少し手厚く、収入や子どもの数などで多少異なりますが、月々15万円前後が支給されます。

また、夫の住宅ローンが残っていた場合ですが、民間の金融機関で借りたものですと、ほとんどが団体生命保険とセットになっていますので、保険と相殺され残りの支払いは完了します。ローンを支払う必要がなくなった家に住み、月々15万円前後が支給されたら、妻がパートタイムなどで働けば生活していけるのではないでしょうか。

そう考えると、それほど**多額な生命保険は必要ない**ということになります。

ただし、**子どもの教育費は別に考えておきましょう。**大学まで行かせるなら1人1000万円くらいは見積もっておく必要があるので、子ども1人につき1000万円程度の死亡保障が出る生命保険に入っておくのはいいでしょう。けれど、**子どもが巣立てば生命保険の保障は減らしても構いません。**子どもが独立した後も月5万〜6万円も保険料を払っている人がいますが、**月5万円を貯蓄に回せば年間60万円、20年間で1200万円も貯まるのです。**

遺族年金は、妻に先立たれた夫にも出る場合がある

大黒柱の夫が他界したら、子どもが18歳になるまで、妻や子どもには毎月15万円前後の遺族年金が出ますが、では、妻が他界したらどうなるでしょう。

以前は、妻が亡くなって夫と子どもが残された場合には、遺族年金は出ませんでした。ただ、子どもが小さいのに妻に先立たれると、ベビーシッター代など大変だということで、**2014年4月から、妻が先に亡くなった場合も、夫の年収が850万円未満なら、夫と子どもたちに遺族年金が出ることになりました。**

仮に**専業主婦だった妻が、夫と幼い子ども2人を残して他界した場合、子どもが18歳になるまで毎月10万円くらいの遺族年金が出ます**から、子育てに関するさまざまな費用に充てることができるはずです。

もう一つ、病気やケガ、あるいは体に障害を負うなどして働けなくなった時に支給されるのが、障害年金です。支給額は、病気やケガ、障害の度合いによって、それぞれ異なります。また、障害年金は、精神的な疾病もカバーします。心の病は長引くケースが多いものですが、最長1年半までなら会社から傷病手当金が支給されます。たとえそれ以上長引いても、障害年金の対象になりますので、心配は要りません。

ここ数年、精神疾患で入院や通院する人は増えていて、厚生労働省のデータでは約390万人にも達しているとのこと（2014年）。最近は、サラリーマンのうつ病も増えているようで、こうしたものもカバーできます。

病気になった時のことを考えて、高額保障つきの生命保険に入っている人も多いようですが、**たとえ働けなくなっても、健康保険や公的年金でかなりの部分がカバーされます。**死亡保障が3000万円、4000万円と高額保険に加入している人は、保険のスリム化をはかれるかもしれません。いざという時の備えのために支払った保険料がムダになってしまった、などということのないよう、公的年金についてしっかり理解を深めておきましょう。

POINT

生命保険を見直せば、老後資金はもっと貯められる！

8 年金保険料が払えなくても心配不要 所得金額に応じた免除という手があります

フリーランスで働いている人の中には、収入が少なくて、国民年金の保険料が払えないという人もいるかもしれません。

しかし、心配は要りません。**収入が少ない方は、所得に応じた保険料免除制度があり、申請して承認されれば、年金を払っていなくても、通常支給される年金額の半分くらいは受け取ることができます。**

また、遺族年金の対象にもなるので、自分に万が一のことがあった場合、残された家族の生活費の足しにすることができます。もちろん障害年金も支給されますので、病気やケガ、さらには、長期の治療が必要になることの多いうつ病など、精神的な疾病の場合には助かります。

免除には4段階あって、独身者の場合、全額免除は年収122万円以下、4分の3免除は年収158万円以下、半額免除は年収227万円以下、4分の1免除は年収

免除となる所得（年収）の目安

	単身世帯	2人世帯 （夫婦のみ）	4人世帯 （夫婦と子ども2人）
全額免除	57万円 （122万円）	92万円 （157万円）	162万円 （257万円）
3/4免除	93万円 （158万円）	142万円 （229万円）	230万円 （354万円）
半額免除	141万円 （227万円）	195万円 （304万円）	282万円 （420万円）
1/4免除	189万円 （296万円）	247万円 （376万円）	335万円 （486万円）

２９６万円以下とそれぞれ設定されています。２人世帯、４人世帯でも、**年収に合わせて免除の申請が可能です。**

年金保険料を支払わなければ、その分現金を節約できたと考えるのは間違いです。確かに目先の出費は防げるかもしれませんが、将来何かあった時に痛い目を見ることになっては元も子もありません。さらに、最近は納付率の低下が問題視されていることから、未納保険料に対して行政がかなり厳しく対応するようになっています。

ほかにも、失業による免除や学生の納付猶予などあるので、支払いが困難な場合は、**社会保険事務所や自治体の健康保険課はじめ、**

関係機関に相談してみましょう。

●ねんきんダイヤル

０５７０-０５-１１６５／０３-６７００-１１６５

●日本年金機構

http://www.nenkin.go.jp/service/kokunen/menjo/20150428.html

POINT

国民年金はいざという時の強い味方。支払いが困難な場合は必ず相談を！

第4章

資産防衛のための大鉄則
借金減らして、現金増やす!

1 デフレが続く今だからこそ、「借金減らして現金増やす」を徹底させましょう！

2018年から世界的な不況に突入するのではないかと言われています。すでに日銀は、金融緩和政策によるデフレ脱却を2019年まで先延ばししていますが、今の状況では、その先までデフレは続きそうです。

だとすれば、考えなくてはいけないのが、デフレ下での資産防衛です。

デフレの中の大鉄則は、「借金減らして現金増やせ」。これは、私がここ20年ほど、ずっと言い続けていることです。馬鹿の一つ覚えと思う方もいらっしゃるかもしれませんが、実は、この「借金減らして現金増やす」を20年以上続けているのが日本の企業です。表を見ると分かるように、金融機関の貸し出しに占める不良債権の比率は下がり続けています。つまり、**企業が焦げつきそうな借金をどんどん減らしている**ということ。

一方で、企業は現金や預金の内部留保を増やしてきました。まさに、「借金減らし

金融機関の業態別に見た預貸率の推移

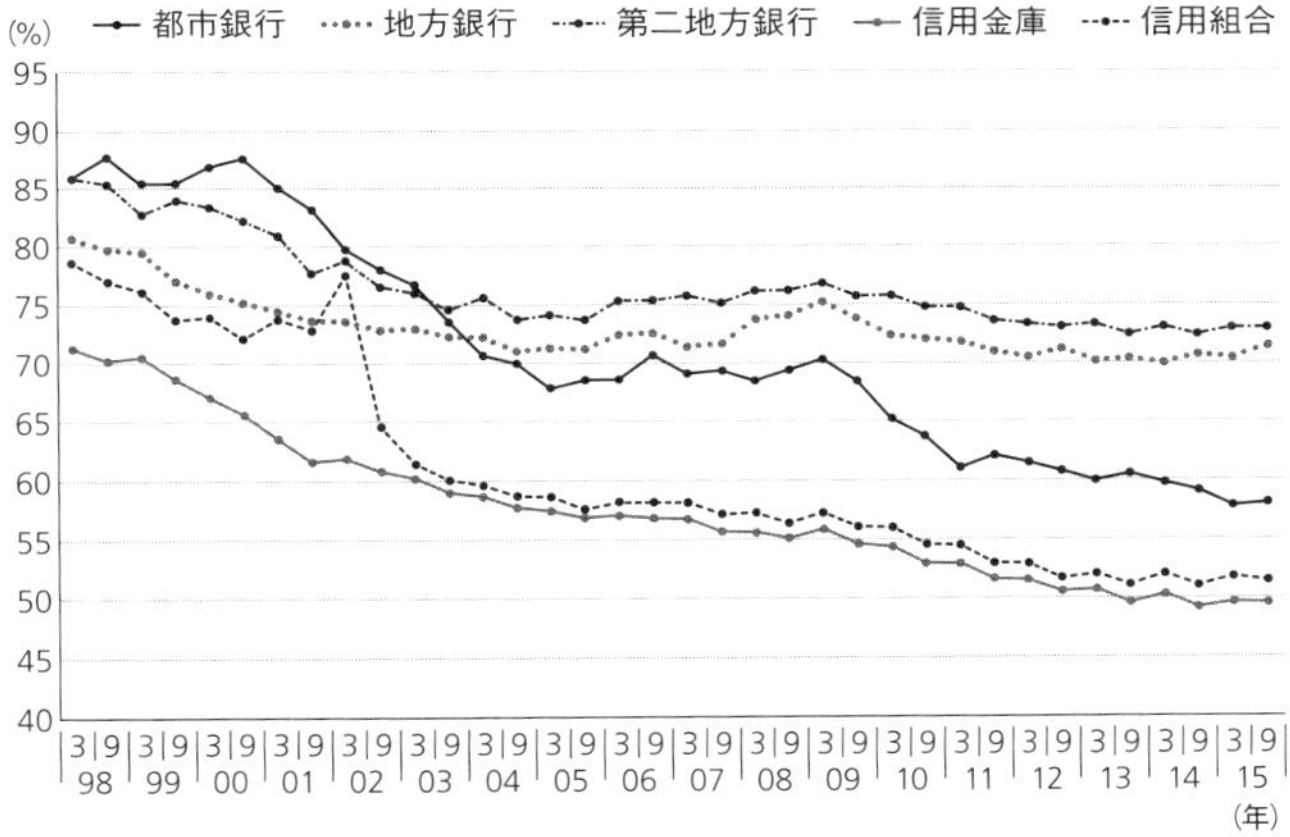

資料：全国銀行協会「全国銀行預金・貸出金速報」、信金中金 地域・中小企業研究所「信用金庫統計編」、全国信用組合中央協会「全国信用組合主要勘定」より、中小企業庁作成。

（注）1.貸出残高とは、各金融機関の銀行勘定貸出残高金額である。
2.預金残高とは、各金融機関の銀行勘定預金残高＋譲渡性預金残高＋債権残高の合計金額である。

て現金増やす」を、バブルが弾けて以降、金科玉条のごとく続けてきたということです。結果、**多くの企業は、財務状況が急速に改善し、不況にも強い体質となったのです。**

　では、一般家庭はどうでしょうか。今、銀行にお金を預けても0・001％の金利にしかならず、1年間でつく利息は1万円預け

企業の内部留保の推移（金融・保険業除く）

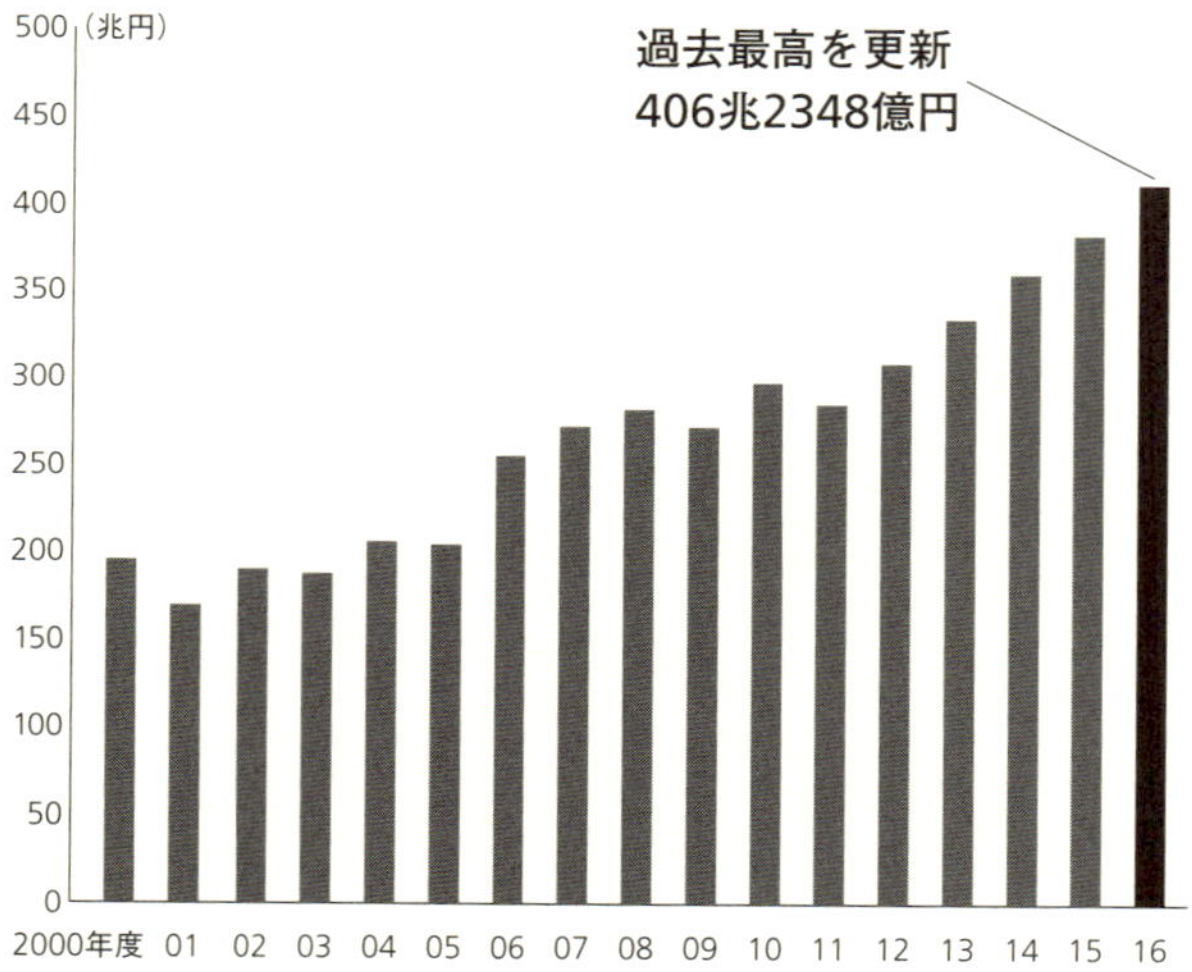

出所：財務省「法人企業統計（2016年度）」をもとに作成

ても税金を引くと利息は0円という状況ですが、仮にデフレで1年間に5%も現金の価値が上がっているとすれば、これは**お金を預けているうちに5%の金利がついているも同じこと。**

　ですから、まず押さえておかなくてはいけないのが、**デフレ下の貯金は、実質的には高金利**だということ。

　そして、もう一つしっかりと押さえておいたほうがいいのが、**デフレ下では借金は実質的に増えていく**ということです。

例えば、昨年５０００万円の家をローン（借金）で買ったとしましょう。ところがデフレ下ではモノの値段が下がりますから、まったく同じ家が今年は４５００万円で買えるとします。つまり、今年買えば４５００万円の借金で同じ家が買えるということ。昨年よりも、今年のほうが借金の額が５００万円減っているということは、デフレ下の借金は、デフレが進む間に相対的に増えているのと同じということです。

確かに今は低金利なので、住宅ローンを組んでも35年で１・５％前後と超低くなっています。だからと言って借り得かといえば、肝心の借りる元金のほうがデフレ下では実質的には増えているのですから、一概にお得とは言えません。

しかも困るのは、**デフレの中では給料もなかなか上がりにくい**ということです。インフレで給料も右肩上がりに上がっていくというのなら住宅ローンなど大きな借金をしても給料が上がるぶんだけ相対的に借金は減っていくことになりますが、デフレの中では給料が上がりにくいだけでなく会社が儲からないと賃金カットの方向に行きかねないので、**借金の負担感が大きくなる**可能性もあります。ですから、デフレの中ではなるべく大きな借金をすることは避けたほうがいいでしょう。

しかも、この超低金利は、まだまだ続きそうです。

なぜなら、金利が上がると、国の借金である国債の利払いが増えるので、財政が大変になるからです。しかも、今でさえ銀行からお金を借りる人が少ない中で、金利が上がればますますお金を借りる人が減ってしまいます。

ただ、**低金利と言っても、カードローンなどの金利は14%前後とかなり高くなっています。普通預金口座の金利が、銀行によっては0・001%ですから、なんと1万4000倍の金利**ということです。

ところが、貯金を減らしたくないということで、0・001%の金利でお金を預けながら、14%のお金を借りている人がいます。こんなバカなことは早くやめ、借金を減らして現金を増やし、健全な家計にしましょう。

POINT

デフレ下では大きな買い物は禁物！
コツコツと現金を貯めましょう！

2 暴走する日銀にびっくり仰天 デフレ脱却はまだまだ遠いようです

日銀が、2016年9月の金融政策決定会合で**2%以上の物価上昇率と長期金利（10年物国債）を0%程度にすると発表**。これをNHKが、「日銀の金融緩和策強化」と報道をしたので、びっくり仰天しました。

仰天したのは私だけではなく、前FRB（連邦準備制度理事会）議長のベン・バーナンキ氏も、「驚きだ」とブログに書いています。

短期金利ならまだしも**長期金利は、大戦時のアメリカでコントロールを試みたもの**の、**通常はできないというのが常識**。しかも、年間80兆円の量的緩和をしながら長期金利を0%にするのは神業。なぜなら、日本の長期金利は2016年7月にはマイナス0・3%でした。これを0%にするというのは、金利を引き上げるということで金融引き締めを意味します。**引き締めと緩和を同時にするということは、ブレーキとアクセルを同時に踏むようなもの**で、車なら普通は横転してしまいます。それをあえて行うというのですから、さすがの「バラ撒《ま》きベン」と呼ばれたバーナンキ氏も驚いた。

こうなったのも、日銀がマイナス金利政策で「これ以上お金を預けたら手数料を取る」と銀行に言ったから。融資先がないのに当座預金にもお金を預けられない銀行は、雪崩を打って国債買いに走りました。そして争って国債を買った結果、国債が品薄になって価格が上がり、国債金利はマイナスに。

この国債のマイナス金利を0％まで引き上げるには、品薄になった国債を市場に戻すしかない。黒田東彦総裁は、財務省時代、国債をこれ以上発行して国の借金を増やすべきではないと言っているので、大量発行はできず、年間80兆円もの国債を買いまくることをやめるか、マイナス金利政策をやめて日銀の当座預金にお金を預けられるようにするしかない。でも、どちらも**金融緩和を後退させる結果**になり、けっしてNHKが言うような「金融緩和策強化」とは思えません。

国債の発行額は約1000兆円ですが、黒田総裁が「異次元金融緩和」をする前に日銀が持っていた額は128兆円。これが2016年3月末時点では364兆円と3倍に膨張しました。つまり、**日本の借金の3分の1を日銀が持つという異常な状況が**

続いています。

それでもデフレを脱却できなかったのだから、ここは早く金融緩和の失敗を認めて出直したほうがいいのに、先の大戦で「敗北」を「転進」と言い繕って多くの戦死者を出し続けた軍部のように、誤りを認めずごまかしながら暴走を続けるようです。しかも、物価上昇２%が達成できなかったのは、原油安のせいとか新興国経済減速のせいなどと他に責任転嫁し、政策に責任はないと強弁する始末。

デフレが脱却できないツケは、一般庶民が支払うことに!?

今回はっきりしたのは、**日銀の「異次元の金融緩和政策」は、すでに破綻している**ということ。なので、デフレ脱却はまだまだ遠い。

しかも、その失敗のツケは、**今ではなくオリンピック後に大不況というかたちで降りかかってきます。すべての日本国民が、負担しなければならなくなりそうです。**

給料が上がらずに景気の良さを実感していない庶民が、景気が後退したらリストラやボーナスカットの洗礼を受けるというのは理不尽な話。けれど、不況下では給料が上がらないだけでなくリストラなども行われ、巻き込まれる人も多いでしょう。

だとすれば、**やたらとモノを買って消費を増やしたり、大型のローンを抱えたりすることはやめたほうがいい。また、投資などもギャンブルだと認識して、余裕のお金がない人はやめておいたほうがいいでしょう。**

口が酸っぱくなるほど言い続けていますが、デフレの中ではキャッシュが大切。「借金減らして、現金増やせ」です。特に、住宅ローンを借りている方は、これから日銀が金利を上げようというのですから、早めに借り換えを済ませましょう。

POINT

日銀の金利引き上げ前に住宅ローンの借り換えを！

3 気づけばお金が貯まっている!? 銀行の自動引き落としテクニック

「お金を貯める」というと、少しでも金利が良い金融機関で積立しようと思う人がいますが、今のような低金利の時にはおすすめしません。なぜなら、**金利が多少高くても、預け入れするのに不便な金融機関だと、途中で面倒になって積立が長続きしないからです。**

もちろん、積み立てたものがまとまった金額になったら、少しでも金利の高い金融機関を探すことが大切ですが、**積立段階では、利率よりも便利さを優先しましょう。**

お金を、毎月、別の口座に移すというのは、続けてみるとかなり面倒な作業。ついつい忘れて、積立が続かなくなってしまうということになりがちです。

積立預金をするなら、チェックする順番は次のようになります。

①　社内預金

②　財形貯蓄

③　銀行の自動積立

①社内預金と②財形貯蓄は、給料から天引きされるので、最初に手続きさえしておけば、あとは忘れていてもお金が貯まります。

この2つのうち、有利なのは①の社内預金。なぜなら、**社内預金は、労働基準法第18条第4項で利率の下限が定められていて、現行では0・5％以上**となっています。通常の銀行預金の金利が、0・001％ですから、かなり良い金利だといえます。ただし、有利なだけに預かり枠がそれほど大きくないケースもあるのでチェックしてください。

②の財形貯蓄は、銀行、保険会社など提携している金融機関の商品で積立するので、利率はその金融機関で扱っている商品と同じになり、特別に有利なわけではありません。

財形貯蓄には、一般財形、住宅財形、年金財形の3種類があります。一般財形は利子に20％の税金がかかりますが、住宅財形と年金財形は、条件に従って利用すると、両方合算して550万円まで非課税になる枠があります。ただし、定期的な払い込みを2年間中断すると、利子などの非課税措置が受けられなくなります。例外的に、育児休業期間中（子どもが3歳に達するまで）は、財形貯蓄を中断できるようになっています。

①の社内預金も②の財形貯蓄もない会社に勤めている人は、給与振り込み口座になっている銀行で、積立預金をしましょう。給料が振り込まれた1〜2日後に、銀行の給与振り込み口座から、自動的に積み立てられるようにしておくと、社内預金や財形貯蓄同様に、忘れていても積立ができているということになるはずです。そうすれば、**気づいた時にはまとまったお金になっています。**

自営業者やフリーランスのように、**収入が一定でない人は、まずお金が振り込まれる口座から、毎月、一定額をまとめて生活費として移し、その生活費の中でやり繰りして生活しましょう。**そうすれば、お金が振り込まれる口座に残ったものが、貯蓄として増えていきます。

最後に、**お金を貯める時に最もやってはいけないのが、金利の高い銀行で積立預金をするということ。**

一見すると、金利が高い銀行で積立したほうが、お金が増えるのでいい気がしますが、そう考えるのは間違いです。**まとまったお金がある時には、金利の高い銀行に預けたほうがいいですが、積立をする場合には、金利よりも積立やすさのほうが優先されます。**

もし給与振り込み口座がA銀行にあり、ちょっといい金利のB銀行に積立しようと思ったら、毎月のお金をA銀行からB銀行に持っていかなくてはなりません。1回、2回はできても、毎月それを続けていると、面倒になってやめてしまうでしょう。しかも、金利が良いと言っても、低金利なので1円、2円の話です。

積立は、続けることが大切。忘れていても続けられるシステムを、しっかりと利用しましょう。

POINT

積立は利率より便利さを優先しましょう!

4 お金が貯まる人、貯まらない人 習慣の違いは意外なところにありました

お金が貯まらない人というのは、計画性がない場合が少なくありません。

例えば財布に1万円札があったとします。すると、お金を使ったという自覚もなく、なし崩し的に買い物をしがちです。本人は、必要なものを買っているつもりでも、実際にはそれほど必要なかったり、緊急性がなかったりするケースというのが多いようです。

ですから、**お金が貯まらない人は、衝動買いをやめるだけでかなり無駄な出費を減らすことになる**はずです。

そうは言っても、衝動買いが身についているという人は、なかなかその衝動を抑えることができません。

そういう人にとって有効なのは、最初から、**衝動買いできない程度のお金しか持たない**ということです。

計画的にお金を使えるようになるのは、実は、それほど難しいことではありません。まず、1カ月の給料から、家賃や水道光熱費、通信費、保険料など必ず出ていく出費を除きます。残ったお金は、食費、交際費、レジャー費など、工夫次第で大きくも少なくもできるもの。

「今月は、結婚式があるから交際費は○○円」「家族で、月に2回は外食したいので、それが○○円」と必要に応じて分けていく。そして、最後に残ったのが自分のお小遣い。

例えばそれが3万円なら、月に3万円以上は使えないということになります。額が決まったら、**1万円札を全部1000円札にして、1日1000円ずつ財布に入れるように**しましょう。そして、**「財布に入っているお金の範囲で何とかする」**と決めれば、それ以上のお金を使わなくても済むはずです。

計画性のない人は、財布の中に1万円札を入れてはいけません。 1万円は、崩すといつの間にかなくなって、何に使ったかはっきり自覚できないケースが多いからです。

もう一つ、おすすめしたいのが**家計簿をつける**ことです。

「今年こそは、家計簿をつけて節約しよう」と1月1日からつけ始めても、1週間も続かないという人は多いようです。

そうなると、翌年まで諦めてしまいがち。けれど、それではいつまでたっても実行できません。

大切なのは、家計簿をつけることではなく、金銭管理ができることとなのだということを、しっかり肝に銘じましょう。

どれだけ収入があり、どこに使われるのか、収入と支出のバランスは大丈夫なのかということを知るための基礎データが家計簿なのですから、なにも1年間書き続けなくてもいいのです。

例えば、**1カ月だけしっかりつけてみる。**それも、生活費だけ。なぜなら、家賃、水道代、ガス代、電気代などは、通帳引き落としにしている人が多いので、通帳を家計簿代わりに使えるからです。そうすると、だいたいのお金の流れは分かります。1カ月を12倍すると、だいたい1年の出費になります。

1カ月でも続けるのが難しいという人は、1週間でもいいです。1週間だけ、生活費の使い道をしっかり書き出してみる。それを4・2倍したのが月の生活費であり、54倍したのが年間の生活費です。

1週間でも無理だという人は、家計簿を書くのではなく、あらかじめお金を振り分けて、生活費は1日いくらとしてその中でやり繰りする。毎月もらう給料を用途別に袋分けにしておくということでもいいでしょう。

POINT

自分がいくら使っているのかを把握する！

5 投資信託とセットの定期預金のワナ 目くらましの高金利に騙されないために!

２０１６年にマイナス金利が実施されて以来、**驚くべき高金利の定期預金がいろいろな銀行から販売**されています。例えば、某銀行の円定期預金３カ月ものは、投資信託とセットで申し込むと、なんと**定期預金の金利が２%**にもなります。

この商品は、**投資信託とセットで買わなくてはならない商品ですが、購入割合は定期預金が80%以下、投資信託が20%以上**。例えば、５００万円の手持ち資金があったら、４００万円は安全確実な定期預金に預け、１００万円は投資信託で運用されるのです。

これだと、大部分が定期預金なので安全性は高く、投資信託で利回りの向上も狙える気がします。

けれど、**この低金利時代、そんなにうまい話があるのでしょうか。**

定期預金と投資信託のセット商品について詳しく見てみましょう。

仮に500万円預けると、400万円は定期預金なので2%の金利がつきます。ですから、利息は年間8万円……と思ったら大間違い。3カ月定期ですから、利息はその4分の1の2万円になります。さらに、そこから税金などを引かれるので、実際に手にできる利息は1万5930円。そして、3カ月定期なので2%という金利がつくのは最初の3カ月だけ。それ以降は、ほとんどゼロに近い金利になります。

一方、セットになっている**投資信託**のほうはどうでしょうか。

まず、購入時点で最大3・78%の購入時手数料と、お金を預けている間は信託報酬として最大年率2・727%を支払わなくてはなりません。また、解約する時も、1%前後の手数料がかかります。ということは、**100万円を預けると最大で3万7800円の手数料が引かれ、預けている間は最大2万7270円の手数料を引かれ、解約する時も1万円前後の手数料を引かれる**ということになります。

定期預金の金利が良い3カ月だけ預けて引き出すとすれば、定期預金の金利は3カ月で1万5930円はもらえますが、投資信託を買って売るわけですから、最大5万円近い売買手数料を払わなくてはならないことになります。

これだけの手数料を引いたら、よほど大きく投資信託がプラスにならない限りは、損をする可能性が高いといえるでしょう。

銀行は、本来ならマイナス金利なのだから金利を安くして個人の住宅ローンの貸し出しなどをどんどん増やしたい。けれど、ローンの相談でやってくる人たちは新規の借り入れよりも圧倒的に借り換えが多く、ローンの流出を食い止めるためには利益を削って自行のローン金利を下げざるをえない。

そこで銀行が力を入れているのが、投資信託など確実に儲かる金融商品の販売です。

投資信託は、運用次第で増えもすれば減りもするリスクのある金融商品ですが、**銀行にとっては売れば確実に手数料が入ってくるノーリスクで稼げる金融商品。しかも、銀行が売れる投資商品の中では、一番売りやすい。**なぜなら、保険や年金はマイナス金利で運用利回りが悪くて売りにくいし、外貨預金は円高が進んで売りにくい。ですから、今、最も売りやすいのが投資信託ということです。

多くの方が、銀行で投資信託を買う時には窓口に相談しに行きますが、**窓口に並べてある投資信託は、購入費用やランニングコストとなる信託報酬などが高いものが多**

くあります。つまり、手数料の高い商品を売ることで銀行は儲かる仕組みになっています。

けれど、**手数料が高いということは、投資するみなさんにとっては儲けがそれだけ減ることに**なります。もちろん、手数料を上回るほど儲かればいいですが、買った商品がマイナスになれば、手数料が高いぶん二重のマイナスということになりかねません。

手数料のことを考えると、そもそも**投資商品は、自分でインターネットで探して買うべきでしょう。多くの人たちがインターネットで投資をするこの時代に、それができないなら、儲けるのはなかなか難しいかもしれません。**

こうした事情をきちんと把握し、目くらましの高い金利に釣られないこと!

POINT

高金利の陰にはハイリスクが隠れている!

6 銀行預金の金利が、ついにゼロ円台に突入！超低金利時代はどこまで続くのか!?

ついに、銀行に預金しても利息が１円もつかない時代に突入しました。

ゆうちょ銀行や、三菱東京ＵＦＪ銀行、みずほ銀行、三井住友銀行の３大メガバンクだけでなく、新生銀行、ソニー銀行、じぶん銀行、住信ＳＢＩネット銀行なども**相次いで普通預金の金利を０・００１％に引き下げています**。

０・００１％ということは、１万円預けて10銭の利息しかつかないということ。今の日本には〝銭〟という単位のお金は存在しないので利息はゼロになります。

普通預金は、半年ごとに利息が計算される仕組み。しかも、この利息からさらに20％の税金が引かれるので、計算してみると、**預け入れ額10万円以下の普通預金には、利息がまったくつかない**ことに。

黒田日銀総裁は、２０１６年2月４日の衆議院予算委員会で、「マイナス金利を導入しても、個人の預金金利がマイナスになることはない」と明言しました。

確かに1年経《た》って利息はゼロになりましたが、まだマイナスではありません。けれど、実際には普通預金はお金が足りなくなった時にＡＴＭなどで引き出されることが多く、**ＡＴＭの引き出し手数料の徴収が強化されているので、うっかり引き出すと預けたお金が目減りするということになります。**

そんな中、三井住友フィナンシャルグループ傘下の関西アーバン銀行、みなと銀行と、りそなホールディングス傘下の近畿大阪銀行が系列の枠組みを越えて経営統合することが正式に発表されました。マイナス金利で銀行の経営状況が悪化する中で、地方銀行が苦境に立たされ始めたからです。金融庁の試算では、**２０２５年には、現在、全国に１０６ある地方銀行のうち、半数以上が赤字転落**すると言われています。

今、国内の銀行業界で将来が見えているのは、モルガン・スタンレーなど海外勢と積極的に組んで、トランプ大統領の米国内の金融規制緩和で恩恵を受けている三菱東京ＵＦＪ銀行くらい。あとは、青息吐息です。

では、こうした銀行の苦境が、これから私たちの家計にどう響いてくるのでしょうか。

今、**各銀行は、私たちからお金を預かっても運用できないので、預金金利を限りなくゼロにして、「お金を銀行に預けに来るな」と暗に言っているようなもの**です。

しかも、ここにきて大手銀行を中心に、**預けている銀行口座から「口座管理手数料」を取ろうという話が出てきています。**

「口座管理手数料」について、これまでの例で見ると、かつてシティバンク銀行が年間２０００円ほどの「口座維持手数料」を徴収していました。シティバンク銀行が三井住友フィナンシャルグループに個人取引を売却したので、現在はＳＭＢＣ信託銀行のプレスティアという口座が一定条件をクリアできない場合に「口座維持手数料」を徴収しています。

１００万円預けても10円の利息しかつかないのに、年間数千円の手数料を取られるとなれば、まさに実質的なマイナス預金。日銀の黒田総裁は、「個人の預金がマイナス金利になることはない」と言いましたが、それも絵空事になりそうです。

さらに、今預けているお金を、できれば預金から投資商品に換えさせたい。預金は、私たちにとってはノーリスクの商品ですが、銀行にとっては運用できなくても必ず利息を払わなくてはならないリスク商品。一方、投資信託などの投資商品は私たちにはリスク商品ですが、銀行にとっては確実に手数料が稼げるノーリスク商品なのです。ですから、「預金なんかしていても利息は増えないので、投資信託などはどうでしょう」と誘う。特に、高額なお金を預金している人には、毎日のように電話攻勢しています。

金融商品取引法があるので「必ず儲かりますよ」と言えばお縄になる。なので、そういう勧め方はしませんが、**「預金よりいいですよ」ということで、儲かるニュアンスを強く漂わせて誘います。**

けれど、日銀の金融政策失敗で、デフレはまだまだ続きます。だとすれば、デフレの中では、しつこいようですが、「投資より、借金減らして現金増やせ!」です。

POINT

ATMの引き出し手数料にも気をつけよう!

7 銀行の総合口座をうまく使えば、定期預金を担保に安い金利でお金を借りられます！

「定期預金と普通預金どちらがいい」と聞かれると、ついどちらかを選びたくなりますが、この場合には、**「定期預金をしながら普通預金機能を使う」**がベストアンサーでしょう。

それができるのが、「銀行の総合口座」です。銀行の総合口座は、給与振込や各種引き落としなどに使うことができ、生活まわりのお金のやり繰りがしやすい口座です。しかも、この口座には定期預金もセットにできます。

定期預金をセットしておくと、普通預金にお金がなくなってしまった時でも、自動貸越しで自動的に定期預金を一定範囲内なら引き出せます。定期預金を担保にお金を借りるということになります。銀行の場合には、定期預金の90％、または２００万円（ゆうちょ銀行は総合口座通帳一冊につき３００万円）を上限にお金が借りられるところがかなりあります。

総合口座以外にも、**自分が預けているお金を担保に借り入れをするシステムはいろいろあります。**

例えば、**保険を担保に、お金を借りる**方法。加入している保険の種類や会社によっても違いますが、**解約したら戻ってくるお金の70～90％の範囲で、1～2％という低金利**でお金を借りられる契約者貸し付けがあります。

自営業者が将来の退職金をつくるために加入する小規模企業共済でも、解約金を担保に契約者貸し付けを受けつけています。金利は、一般貸し付けで1・5％、傷病災害時に受ける貸し付けや新規事業のために受ける貸し付けは0・9％です。

低金利ではありますが、お金を借りるとなればまだまだ金利は高い。都市銀行のカードローンやフリーローンは、金利が安くなったと言っても4～7％。カードローンなどだと、15％近い金利が取られるケースもあるので、イザという時の助けになります。

さらに、自治体でも、生活資金やリフォーム費用など、条件が合えば貸してくれるところがあります。

例えば**東京都の場合、社内融資がない中小企業にお勤めの方を対象として、金利1・8%で使途自由なお金を70万円まで貸し出しています。**医療、教育、冠婚葬祭、増改築、子育て、介護など**使用目的がはっきりしていれば100万円まで借りられます**（子育て費用、介護費用は金利1・5%）。さらに、**用途にもよりますが、都内で家庭内労働に従事している方を対象として、70万円から130万円の融資を行っています。**

新規事業を立ち上げたいと思っても、実績がなければ銀行ではなかなかお金を借りられません。ですが、事業計画がしっかりしていて利益が見込め、返済可能と判断されたら、日本政策金融公庫などは資金を融資してくれます。

POINT

安い金利でお金を借りる裏ワザも覚えておく

8 外貨建て生命保険は金利がいいってホント？　甘い言葉にダマされてはいけません！

「マイナス金利」の影響か、最近よく「外貨建て生命保険」に加入したという人に会います。話を聞くと、**「日本では金利ゼロだが、ドルなら3％の金利で運用できる」**「日本はこれから少子高齢化で国力が衰えていくので円安になるから、ドルで持っていると増える」というのが主な理由。

でも、ちょっと待ってください。まず、「日本では金利ゼロだが、ドルなら3％の金利で運用できる」について。**運用が3％と言っても、保険である以上、支払った保険料が全額3％で運用されるわけじゃない。**貯金なら1万円預けたら、0・01％でも金利がつきますが、保険では、支払う保険料から保険外務員のマージンも含めた保険会社の運営経費が引かれ、さらに保険である以上はなんらかの保障をつけなくてはいけないので保障の費用を差し引き、残りが3％で運用されます。つまり、マイナスからのスタートです。

例えば、35歳の男性が、死んだ時に10万ドル受け取れる65歳まで支払う終身保険に加入し、保険料を月々１６１ドル払っていくケースで見てみましょう。

外貨の場合には、為替変動がありますが、ここで話を分かりやすくするために為替は１ドル＝１００円でずっと変わらないということにしましょう。

すると、**10年後の受取額は約１６０万円。支払った保険料は約２００万円。貯金と考えると、増えるどころか減っています。20年後で見ると、約３９０万円払って、もらうのは３５９万円。**

では、払った額ともらう額が同じになるのは何年目でしょう。「外貨建て生命保険」の場合、保険の経費や保障料が引かれるだけでなく**両替手数料も発生**するので、この保険で払った額ともらう額が同じになるのは約25年後。ただし、額は同じでも、25年後まで日銀が目指す２％の緩やかなインフレが進んでいると、貨幣価値は３割前後目減りしている可能性があります。しかも、支払いは65歳までなので、結論から言えば、**為替がずっと一定なら、支払った保険料の価値に値する金額は、永遠に手にできない**ということに。

では、もう一つの説明。「日本はこれから少子高齢化で国力が衰えていくので円安になるから、ドルで持っていると増える」について。

いかにもありそうな話ですが、注意しなくてはいけないのは、**為替というのは一国の状況だけで動くものではない**ということ。特に**日本の場合には、アメリカ次第で大きく変わります。**アメリカが金融緩和すれば円高になり、引き締めれば円安になる傾向があります。

みなさん、今までのドルに対する円相場の最高値はいつかご存じですか？

２０１１年3月17日の1ドル＝76円で、東日本大震災直後。まさに震災で国力が失われるという状況なのになぜ超円高になったのか。保険会社が被災者の保険金の支払いのため、海外資産を売って円を買うという思惑で動いたからです。

ちなみに、「日本の少子高齢化」は20年前から騒がれていましたが、20年前に比べると、今のほうが円高になっています。

最後に、これは保険ですから、加入してすぐに亡くなれば10万ドル手にできます。ただし、日本の男性の平均寿命は81歳。加入してすぐに死ぬ確率は０・０００7％。

つまり、損しないで保険金を手にできる可能性は極めて低いということです。

さらに、死んでから保険金をもらうにしても、死ぬ時期というのは基本的には自分で決めることができません。外貨建ての生命保険が最も有利になっている円安の時に合わせて死ぬというのは、なかなか難しいでしょう。

そもそも**生命保険は、死ななければもらえない、病気で入院しなければもらえないという、自分の健康をかけたギャンブルのようなもの。**必要な時期に最低限だけ加入して経済的に困るのを防ぐのには役立ちますが、儲けを考えて加入するものではありません。しかも、**外貨建て生命保険の場合には、さらに為替というギャンブル性がプラスされます。お金が有り余っているなら別ですが、そうでなければ加入する必要などないのではないでしょうか。**

POINT

外貨建て生命保険で支払った分の額は戻りません！

9 一見おトクに思える外貨預金ですが、為替の影響と手数料がかかることを忘れずに！

外貨預金とは、その名前のとおり「預金」です。

例えば、1年で年1％の金利がつく定期預金に100万円預けると、1年後には101万円になります。外貨預金も、これと同じように、**預けたお金に決められた金利がついて増えていきます。**

ただし、外貨預金と普通預金には違いが二つあります。一つは、預けるお金を外貨に替えなくてはいけないので、**必ず為替の影響を受ける**ということ。もう一つは、**出し入れに手数料がかかる**ということです。

まず、為替の影響について見てみましょう。

例えば、100万円をドルの外貨預金で預けるとします。仮に、この時に為替が1ドル100円だった場合、1万ドルを預金することになります。この1万ドルの預金に対して年1％の利息がつくので、1年後には、確実に1万100ドルになっています。ただし、増えた１００ドルから20・３１５％の税金が引かれるので、利息は79・69ドルということになります。

ですから、もし1ドル１００円で1年後に円に戻すと、戻ってくるのは１００万７９６９円。

つまり、**外貨預金の場合には、普通の預金のように金利がついて増えるのですが、預けた時よりも引き出す時のほうが為替レートが円安になっていたら儲かり、円高になっていたら損をしてしまうということです。**

さらに、普通預金は、預ける際に手数料はかかりません。けれど、外貨預金は、預ける時と引き出す時に、それぞれ手数料がかかります。この手数料は、為替のレートに含まれています。例えば**ドルで外貨預金をする場合、一般的な銀行の窓口では、円からドルに預ける時に1ドルにつき1円の手数料（TTSレート）がかかり、ドルから円に戻す時にも1ドルにつき1円の手数料（TTBレート）がかかります。**この手数料は、銀行や預ける通貨によっても違いますが、ドルの場合、それぞれ1円というところが多いようです。

TTSとTTB

＊1　仲値：市場レートを参考に銀行が決定した基準となるレート
＊2　為替手数料：通貨ごとに異なる。

テレビのニュースで、「今日の為替相場は、1ドル100円です」という言葉をよく耳にすると思いますが、これは手数料が入っていないもので、中値という市場レートを指しています。そこに銀行の手数料が加わり、仮に1円の手数料なら、外貨預金で円からドルに預ける時のレート（TTSレート）は1ドル101円、ドルから円に戻す時のレート（TTBレート）は99円ということになります。

大手都市銀行などで外貨預金をすると、預け入れ時と引き出し時に、ドルの場合、合計2円の手数料がかかります。ただ、この手数料は、銀行によって変わってきます。さらに、同じ銀行でもネットで取引すれば、往復50銭から1円と安くなるところが多くあります。ネット専用銀行だと、往復で手数料が30銭というところもあります。

為替取引は、瞬時に状況が変わってきますから、もし**やってみたいなら、ネットで手数料が高いところを探すといいでしょう。**

若い方などは、ドルやユーロを少し自分で買ってみると、為替に敏感になるので損をしても勉強代だと思えばいいですが、**年配の方の場合、なまじお金があるだけに、倍率の高いＦＸなどに誘われ、大変なことになっている人も少なくありません。**

この先、円高になるのか円安になるのかは、専門家でも意見が分かれるところですので、もし外貨預金をするなら、損を覚悟で失ってもよいお金でやりましょう。

POINT
手数料の少ないネット専用銀行が狙い目

第5章
少ないお金でも幸せで豊かな老後を過ごす

1　大切なのは良き仲間と何かに打ち込むこと
みんなで迎えたい、「ハッピー老後」

今、老後が不安でしかたないという人が急増しています。その不安を少しでも解消し、前向きに生きるヒントを詰め込んだ『荻原博子のハッピー老後』（毎日新聞出版）という本を出しました。

幸せな老後を暮らすには、3つの大切なものがあります。それは「健康」「お金」「良き伴侶や知人」。

この中の「良き伴侶や知人」を例に考えてみましょう。**まず自分を中心にした円を描いてみてください。**その中に、自分と一番親しい人、何でも相談できる人の名前を書いてみましょう。配偶者や子、親友などです。

その円の外に、もう一つ丸を描いてみる。そこには、最初の円の中には入らないけど、「ちょっと親しい人」を書いてみてください。お金の貸し借りまではできないけれど、困った時には相談に乗ってもらえる、という人です。

さらにその円の外には、もう少し関係性は薄いけれどお茶を一緒に飲むくらいはできる、といった人を書く。**人間関係図をつくってみる**のです。

老後を迎えるまでに、名前が書ける人を増やす努力が必要なのです。心豊かに健康に楽しく過ごすために必要なのは、一緒にご飯を食べてくれる友人、パートナー、相談相手になってくれる人です。**「ハッピー老後」は人脈によってもたらされることが多いのです。**

次に、**自分が「やりたかったこと」を思い出してみましょう。**野球が好きだった、農業がやりたかった、模型が大好きだった……。人それぞれ打ち込みたかったことや夢があったはずです。人生100年時代ですから、**60代以降はその好きだったこと、忙しくて叶《かな》わなかった夢に挑戦**するのです。お金をかけずに充実した人生を送るためには、とても必要なことです。

最近、知り合いが「おやじキャンプ」にはまっています。男友達3、4人でロッジに泊まり、薪《まき》をくべて肉を焼いたりウイスキーを温めて飲んだりするだけなのだけれど、薪の火を見ているだけで心が癒やされるのだそうです。

定年後、野菜をつくるのを趣味にした人もいます。取れたての新鮮な野菜の美味しさはどんなごちそうにも代えがたいし、近所に配っても喜ばれるのだそうです。

さらに、ファミリー・サポート・センターのようなところに登録し、**人助けをして小遣い稼ぎをしている人もいます。**

100人いたら、100の老後が待っているはず。みんなで「ハッピー老後」を見つけましょう！

POINT

ハッピー老後はお金をかけなくても叶えられます！

2 老後資金の三本柱は生活費、介護費、医療費 まずは必要な金額を知ることから始めましょう

「老後が不安？」という方に、「何が不安ですか？」と聞くと、たいていの方が「お金」と答えるのですが、「どれくらい足りないのですか？」と聞くと、答えられない。たぶん、みんな**漠然と老後に不安を抱いている**のでしょう。

しかも、不安で金融機関などに相談すると、必要額は「８０００万円」だの「１億円」だのと言われるので、ますます不安になる。

その不安を解消するためには、なるべく具体的に必要な金額を考えていくことが大切です。

老後に必要になるお金は、主に3つに分けられます。それは、生活費、介護費、医療費です。

もちろん、旅行に行きたいとか住まいをリフォームしたいなどさまざまな希望はあると思いますが、こうしたものもひっくるめて生活費と考えれば分かりやすい。そう

すると、サラリーマンなら「住宅ローンも終わっているし、子どもの学費の支払いもないので、２人の年金の範囲内でなんとかやっていけるかな」という方が多いのではないかと思います。

けれど、**見当がつかないのが、介護費用と医療費。**そこで、まず介護費用から見てみましょう。

生命保険文化センターの「生命保険に関する全国実態調査」（２０１５年度）を見ると、「世帯主または配偶者が要介護状態となった場合の必要資金総額」という問いに答えている人の平均額は３３０８万円。２人だと約７０００万円なので、ちょっと気が遠くなりそう。

ただ、これはあくまで予測であって、**実際に介護をしたという人にいくらかかったか聞いているアンケートでは、平均で約５５０万円。２人でも１１００万円**です。

なぜこんなに差が出るかといえば、たぶん介護保険ができる前に父母親族の介護を経験し、金銭的に大変な印象が残っているのでしょう。けれど、**今は介護保険でかなりカバーされます。**

では、老後の医療費は、どれくらいかかるのでしょうか？

実は、医療費については、それほどかかりません。なぜなら、**医療費が高くならないための「高額療養費制度」**があるので、**70歳以上で年収370万円以下の一般的な老夫婦だと、入院してそれぞれが100万円かかる治療をしてもらっても、支払いは2人合わせて1カ月5万円弱**だからです。しかも、今は精神的な病気以外では1カ月以上入院させてくれる病院は少ない。

ですから、老後の医療費は、2人でざっくり200万～300万円見ておけばいいでしょう。

つまり、**将来的にはもう少し負担が増えるにしても、1500万円前後あれば介護費用と医療費はなんとかなりそう**ということ。

一方、総務省の家計調査を見ると、貯蓄から負債を引いた純貯蓄額の平均は、60歳代で2092万円、70歳以上で2356万円。介護と医療で1500万円を取り分けたとしても、500万～800万円は残ります。

この貯蓄額は、家や田畑などの財産を除外したものですから、もし介護でお金が足りなくなったとしても、こうしたものを売却すればなんとかなるでしょう。

老後は、1500万円だけは取っておいて、あとは年金と貯金を使い切って楽しく暮らそう。

そう考えることができれば、不安は少し和らぐのではないでしょうか。〝不安オバケ〟におびえないことです。

POINT

1500万円あれば2人分の介護費と医療費はカバーできる!

3 年金支給年齢を自分で調整すれば損をせず、最大限有効に使える工夫ができます

年金は、基本的には65歳から支給されますが、希望すれば、60歳から70歳までの間で支給開始時期を選べるようになっています。

65歳より早くもらい始めることを「繰り上げ受給」といいます。ただし、もらえる年金額は65歳と同じというわけではなく、**1カ月早まるごとに年金額が0・5%減額**されます。例えば、65歳からではなく60歳からもらい始めるとすると、0・5%×12カ月×5年なので65歳でもらい始める額よりも30%支給額が減ります。**65歳で10万円の年金を受け取れる人が、60歳でもらい始めると月7万円に減ってしまうということです。**

年金は、死ぬまでもらえる代わりに死んでしまったら受け取れません（遺族年金はありますが）。ですから、何歳まで生きれば60歳からもらい始める方が65歳より得かという損益分岐点があります。これが、77歳。

76歳までに死ぬと、60歳で受け取りを開始したほうがよかったことになり、77歳以降まで生きれば65歳からもらったほうがよかったことになります。

逆に後ろ倒しでもらうこともできます。**65歳より後に受け取りを開始することを「繰り下げ受給」といいます。**

「繰り下げ受給」では、**1カ月遅くなるごとに年金額が0・7%ずつ加算**されます。例えば、65歳からもらい始めるのを我慢して70歳からもらい始めると、0・7%×12カ月×5年で42%支給額が増えます。**65歳で年金額が月10万円の人が70歳でもらい始めると、月14万2000円の支給額になり、これが死ぬまで続きます**（年金額は毎年変わりますが支給額のパーセンテージは変わりません）。

この場合の損益分岐点は82歳。81歳までに死ぬと、65歳からもらい始めたほうがよかったことになり、82歳以降まで生きれば、70歳からもらったほうがよかったことになります。

つまり、**年金はなるべく遅くもらったほうが、支給額は増えます。65歳ではなく、70歳からもらうと142%も年金が増えます。**

70歳からと聞くと迷うところですが、なんと今、この「繰り下げ支給」の年齢を75歳まで伸ばしたらどうかという議論がされています。「75歳まで引き上げ」という言葉だけを聞いて、「えっ、75歳まで年金がもらえないの?」と勘違いした人もいたようですが、これは、今まで70歳までしか選択できなかった期間を75歳まで引き上げ、働ける間は年金をもらわずに働き、あとでたっぷりもらえるようにしようというもの。団塊の世代前後の数が多い年金受給者への支払い時期を、少しでも先延ばししたいという意味なのでしょう。

受給時期の選択を75歳まで延ばすということは、当然ながら75歳で支給を開始する人は65歳からもらう人よりも額が多くなります。開始時期が10年も遅れるのですから、仮に65歳で10万円もらうとしたら、支給期間が10年短くなるわけですから、最低でも200%以上にしないとおトクとは言えなくなるでしょう。

男性の平均寿命が80・98歳、女性の平均寿命が87・14歳なので、仮に男性の場合、平均寿命まで生きるとすれば、**65歳に支給を開始した人は15年もらえ、75歳からの人は5年間しかもらえないのですから、300%にしてもおかしくありません。**

60歳受給開始・65歳受給開始・70歳受給開始
年金受給類型額の比較

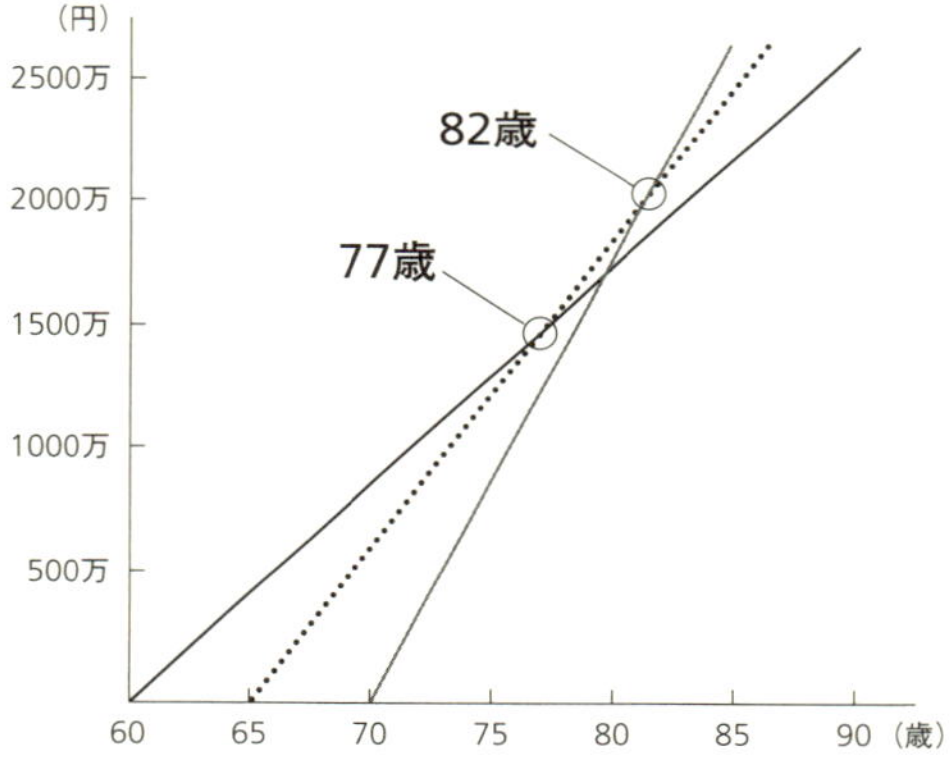

それはともかく、こうした議論が出てくる背景には、単に数が多い団塊の世代の年金受給をばらけさせようというだけではなく、将来的に年金受給年齢全体を引き上げていこうという政府の意図が見え隠れます。

ここで考えなくてはいけないのは、**いつ死ぬかというよりも、いつまで自分は健康でお金を使えるか**ということ。

「75歳の壁」という言葉があります。75歳で後期高齢者の仲間入りをする頃になると、筋肉量がガクンと落ち、人にもよりますが判断力なども衰えが見えるというのです。

総務省の家計調査を見るとわかりますが、**高齢になると交際範囲も狭くなり、若い人ほど食べられなくなるので、使うお金も減ってきます。**

もし75歳までの繰り下げ支給を選ぶなら、90歳くらいまで、健康で海外旅行できるような体力をつけ、もらった年金を楽しく使えるようにしておく必要があるでしょう。

ちなみに、**サラリーマンの夫が70歳までの繰り下げ返済で年金を多くもらっていたとしても、死後に妻が遺族年金として受け取るのは、70歳からもらっていた金額の4分の3ではなく、65歳から支給された額の4分の3になり、繰り下げ受給のメリットは遺族として残された妻にはありません**から気をつけてください。

POINT

年金受給のポイント、損益分岐点は77歳と82歳

4 年金支給年齢が引き上げられる可能性は大！必要なのは長く働ける自分でいること

今の40〜50代が老後を迎える頃には、年金の支給額はどうなっているのでしょうか。

2016年末には**「年金カット法案」が衆議院本会議で議決されました**。これまで年金の支給額は、物価と賃金の見合いで上下し、物価が上がっても賃金の上昇が追いついていなければ、年金は賃金の上昇分しか上がりませんでした。一方、賃金が下がっても、物価が下がらなければ年金はマイナスになることはありませんでした。

けれどこれからは、**賃金が下がれば、たとえ物価が上昇していても賃金に合わせて年金を下げる**というのがこの法案のポイントです。

では、どれくらい減るのでしょうか。

厚生労働省が厚生年金で出している、今後考え得る8通りの経済前提の中の「標準的なケース」を見ると、27年後の年金受取額は、月約24万4000円となっています。

月24万4000円なら、現在の約22万円よりも増えているのでうれしい気がします

が、この頃には働く世代の給料も１・39倍に増えている前提なので、この給料の上昇分で今の価格に置き換えるとすれば、月18万円くらいになります。

だからといって、必ず現在価格で月18万円もらえるのかといえば、そうとは限りません。経済状況がかなり変わっている可能性があるからです。年金支給額は、加入期間や現役時代の給料、家族構成、社会状況などでも変わります。

ですから、将来のことは分かりませんが、もう一つの目安としては、物価が上昇しても年金額はそれほど上がらないという方式を使うこともできます。これは、マクロ経済スライドといって、年金の上昇分から一定の数字を引いていくというものです。

マクロ経済スライドでは、現在のところマイナス０・９％の調整率なのでこれをあてはめてみると、**現役時代に７００万円の年収があるなら、今40歳の方が65歳になって妻と2人で年金をもらうとなると月約19万円になります。現役時代の年収が５００万円だと、65歳から月約16万円もらえる**ということになります。

もちろん、これは一つの目安でしかありません。マクロ経済スライドも、今は０・９％のマイナスですが、景気次第で変わってきますし、年金積立金が昨年のように大幅に毀損《きそん》するようなことが続くと、1%とか1・2%とかの実質目減りということもあり得るかもしれません。

また、40歳だと、**さらなる年金改革で支給年齢が引き上げられる可能性**もあります。年金が、現行の65歳支給から67歳、68歳からの支給になるかもしれません。もしかしたら、**70歳支給になっているという可能性も否定できません。**

ただ、今の40歳の方たちが年金をもらい始める25年後からは、受給者が最も多い団塊の世代の数が徐々に減ってきます。もちろん、年金を支える若者の数も減っていく可能性があるので政府にはしっかりと少子化対策をしてもらわなければ困りますが、団塊の世代が給付対象から外れてくると年金財政にも改善の余地が見えてくるかもしれません。とはいえ、**給付額が減るということはほぼ確実です。**

さらに、今の40〜50代の年金支給年齢が68〜70歳と上がる可能性があるなら、70歳くらいになっても働き続けられるスキルを今のうちに身につけておくことが大切です。さらに、仮に70歳支給になっても、「自分は75歳から年金をもらう」という選択をすれば、さらに家計は盤石になることでしょう。

それには、すでに述べたように、90歳でも海外旅行ができるというくらいの体力が必要です。

もっとも、**今や人生100年時代。医学もテクノロジーも飛躍的に進歩しています。**

そのうち、**老朽化した自分の内臓を、iPS細胞でつくって取り替えることもできるようになるかもしれません。**また、今は歩けなくなったら車椅子で移動しますが、そのうち**「歩行スーツ」ができて、そのスーツを着れば健常者と同じように歩くことができるようになるかもしれません。**

ただ、長生きすればするほど、お金は必要になってきます。年金制度には期待したいところですが、長生きするためにはある程度の蓄えをしておく必要があるでしょう。

POINT

年金受給額を増やすには、長く働けるスキルを身につける！

5 築年数が古くても資産価値が落ちない理想的なマンション管理法に学びましょう

マンションの老朽化と、そこに住む住人の高齢化が同時進行する「ダブル高齢化」が進んでいます。

そんな中、なんと**築41年の旧耐震基準のマンションなのに、新築で売り出された時の価格の2〜6割高で買われる物件があります。**それがすでに述べた京都市左京区のマンションです。よっぽど恵まれた条件なのだろうと思うかもしれませんが、実はこのマンションは京都でも不人気な場所にある、何の特徴もないコの字形物件で、しかも建て替えると京都の現在の景観条例に引っかかって今より小さくなる。

こんな、悪条件の古いマンションが、なぜ高値で人気なのか。

秘密は、管理組合にあります。このマンションの管理組合は、1回目の大規模修繕で大赤字になり、破綻寸前に追い込まれた痛い教訓をもとに、建て替えも視野に長期ビジョンを立てました。

まず、**建て替えると建物が一回り小さくなってしまうので、これを防ぐために、周囲の土地を買えるように管理規約を変え、用地買収のために3億5000万円の特別会計をつくりました。**

けれど、この管理組合のすごいところは、そのために管理費を上げてはいないこと。**徹底的な節約で用地買収費を捻出**したのです。まず、組合運営を管理会社任せにせず自主管理にし、すべての工事をインターネット公募入札に切り替えました。大手に修繕を頼んでも、ほとんどは孫請け、曾《ひ》孫請けへの丸投げ。ならば、実力ある孫請け、曾孫請けに直接発注したほうが安くなる。これで、なんと**工事費を約3割も浮かせています。**

また、いち早く節電に取り組み、高圧一括受電から外断熱まであらゆる工事を施し、年間220万円も電気代を浮かせました。

さらに、給・排水設備などの修繕では、各戸にお金を配っています。整備で各戸からお金を徴収する管理組合はあっても、配るというところはまずないでしょう。けれど、実はこれが節約になる。

ほとんどのマンションでは、このような場合、業者に依頼し、見積もりを提出させて工事します。けれど、個々の家にはそれぞれの事情があり、家にいなかったり、いても病人などがいたりして工事ができないケースもあって、結果的に工期が延びて費用も当初の見込みを大きくオーバーするケースがほとんどです。

ところが、この**管理組合は1戸当たり38万円のお金を配り、3年以内にそのお金で工事を済ませればいい**ことにしています。つまり、**住人は自分の都合で工事ができ、組合は予算オーバーを防げるので一石二鳥。**それどころか、どうせ工事をするなら、自分のお金を少し足してリフォームもしようとなって資産価値が上がる。

驚いたことに、高齢者が多いことを考慮し、時間がかかる建て替えではなく、公団の賃貸住宅との等価交換で、まず**公団住宅の入居者に出て行ってもらって、その土地に新しく自分たちのマンションを建てます。さらに、自分たちが住んでいるマンションは、引っ越したあとに更地にして公団に引き渡す**という将来像を描いています。

通常のマンションの建て替えは、入居者が引っ越したあとに建物を取り壊して新たな建物に入居するということになります。そうすると、2度の引越しが必要で、期間も2年ほどかかりますので、高齢者が多いマンションでは建て替えが難しいのが現状です。けれど、**公団との等価交換を使えば、こうした難問を解決できます。**

結果、このマンションの資産価値はうなぎ登りに上がっています。建物の老朽化を防ぐだけでなく、資産価値も上がっています。

これは、マンション管理のほんの一例ですが、マンション老朽化時代を迎え、さまざまなところでマンションを長持ちさせたり有利に建て替えたりする試みがなされています。

マンションの資産価値が徐々に落ちていく中、どうすればそれを食い止められるのか。住民全員で考えていかなくてはなりません。

POINT

マンションの資産価値を守る、管理組合の長期ビジョン！

6 風呂桶から断熱効果の高いペアガラスまで、腕のいい職人たちが快適な生活の支えに

「家を建てる」ということを、メーカーが持ってきた設計プランから選ぶことだと思っている方が多いようです。

初めて家を建てる人が多いので仕方ありませんが、**自分たちでいろいろと工夫すれば、安く家づくりができることもあります。**

私事で恐縮ですが、18年間使っていた我が家の風呂桶《おけ》が、いよいよ寿命を迎えたようです。

家を新築した時に、風呂をどうしようかということで、TOTOやINAXなどかなりのショールームを見てまわったのですが、どれもいま一つピンとこなかった。どうしようかと悩んでいた時に、**テレビで木製風呂を見て「これだっ!」**と思いました。

そこで、木製風呂を販売しているショールームを訪ね歩きました。

木の風呂は、肌触りが柔らかく、木材の香りがして癒やされます。ただ、問題はそ

の価格。檜《ひのき》の浴槽にこだわって、檜製の浴槽ばかり見ていたのですが、**どれも100万円の大台を超えていて、中にはなんと200万円もするものも。**

とてもではないけれど、浴槽にそんな大金はかけられない。しょんぼりしてあきらめようとしていたら、家をつくっていた大工が教えてくれました。

「**風呂桶が欲しいなら、桶屋に頼めばいい。**腕のいい桶屋を知っているから、紹介してあげよう」

大工が言った「桶屋に頼む」というひと言は、カルチャーショックでした。なぜなら、当時は、メーカーから買うという発想しかなかったからです。

さっそく紹介された木曽の桶屋に電話すると、**風呂桶をつくる手間賃が20万円。材料費はピンキリで、5万円から最高級の高野槙《こうやまき》だと節ありが20万円、節なしが40万円。**節というのは、板などで目のようになっているところ。

高野槙といえば、今では悠仁親王のお印として人気ですが、昔から檜よりもきめ細かな光沢があり浴槽には最高だといわれてきた木材で、私の中では檜よりも格上。はやる心をぐっと抑えて、「高野槙で、節ありと節なしではどう違うんですか？」と聞くと、「変わんない。見た目だけだ」との答え。「だったら、ぜひ高野槙の節ありでお願いします」。ということで、家族で入れる大きさに風呂桶のサイズを決め、FAXでオーダーしました。

あれから18年、高野槙の風呂は、私たち家族を癒やし続けてくれました。ただ、手入れが悪かったのか、木の接続部分にちょっとした隙間《すきま》ができ、お湯が3分の2までしか入らなくなりました。

そこで、風呂桶を新調することにし、18年ぶりに、木曽の桶屋に電話すると、まだ親子で桶づくりをしていて快諾してくれました。しかも、**値段も18年前とほとんど変わっていない！**

ただし、完成するのは、早くて翌年の春とのこと。私たちが知らない18年の間に、桶屋の数が激減し、数少ない技術の高い桶屋として注文が殺到しているようです。

ついでに言うと、我が家のガラスはすべてペアガラス。断熱、防音に優れたペアガラスにしたいとメーカーに問い合わせたら、目の玉が飛び出るほどの価格。これは無理だと諦めようとしたら、大工が「だったら、ガラス屋にガラスを二重にしてもらえば」。そんなことができるのかとガラス屋に聞いてみたら、みぞを一つ余計につけて、もう1枚はめ込めばいいだけとのこと。**驚くほどリーズナブルな価格**でつくってくれました。

桶屋は立派な桶をつくる。ガラス屋は、ガラスのことなら何でもできる。すべてがメーカー主導になり、腕のいい職人がその技量を発揮しづらい時代になりましたが、まだまだ日本中で、腕のいい職人たちは頑張っています。

すべてメーカーにお任せではなく、**部分的に自分たちがアイデアを出して少しでも安く家をつくる工夫ができれば、お財布にも優しく、気持ちのうえでも満足度が高まる**のではないでしょうか。

POINT

職人に頼めば、メーカー価格よりはるかに安く良質のものが手に入ります！

7 仕事のあとは格安ビールで乾杯！　そんな庶民の楽しみは守られるのか⁉

２０１７年６月から、「格安ビール販売」の取り締まりが本格的に始まり、**ディスカウント酒店などの店頭から格安ビールが姿を消しつつあります。**

なぜ、安売りの取り締まりが始まるのかといえば、２０１６年５月に過剰な酒の安売りを規制する改正酒税法が成立し、２０１７年６月から施行されたためです。

酒類業界では、今まで大量に酒を販売してくれる店などには、メーカーが販売奨励金（リベート）を出していました。ですから、**大量に販売する店は、奨励金のぶんだけ酒を安く販売することができました。**また、スーパーなどでは、販売戦略の一環として赤字覚悟で集客のために格安でビールなどを販売するところもありました。

けれど、６月からは、**酒類を不当に安く売ると摘発の対象**となり、最悪の場合、３年間の酒類販売免許停止や50万円以下の罰金という重いペナルティーが科せられます。この規制は、リアル店舗だけでなく、ネットの格安店も対象。

結果、６月以降、日本から「激安酒店」は消えることになるかもしれず、量販店の中には、今まで激安だったビールなどの値上げに踏み切ったところもあります。

こんな話を聞くと、「日本はホントに資本主義国？」と思ってしまいますが、なぜ、このような法律をつくったのかといえば、力の弱い中小の小売店を、激安店の価格攻勢から守るためだそうです。実際に、中小の酒屋が多く加盟している全国小売酒販組合中央会などは、この法律の成立に、歓迎の意向を示しています。

確かに、小さな街の酒屋を守るためならしかたないというのには、一理あります。ただ、これで街の酒屋も一安心かというと、そうでもないようです。行きつけの街の酒屋で聞くと、**この規制は、かえって迷惑**だというのです。

「そもそも、大手と価格で競争しているような酒屋は、もうとっくに潰れていますよ。いま生き残っている酒屋は、価格で勝負しているのではなく、地ビールの種類が豊富だとか、スーパーにはない幻の名酒を仕入れているとか、きめ細かな配達をするというような付加価値で勝負している。それなのに、こんな規制をかけたら、ただでさえ**最近は酒離れが進んでいるのに、ますます加速するのではないかと心配**」

街の酒屋を守るための規制ですが、恩恵を受ける酒屋ばかりではないようです。

そう言われてみると、なぜ私が激安店ではなくその酒屋に酒を買いに行くかといえば、ご主人のお酒への知識が半端なく深いからです。日本中の酒を知っていて、「ちょっとフルーティーで、でもキリッとした感じの日本酒はありませんか」と聞くと、まさにぴったりなお酒を勧めてくれる。「ちょっと疲れているので、リラックスできるようなお酒はありませんか」と聞くと、すぐにそういうお酒を出してきてくれる。**その酒がつくられた蔵のことやウンチクを聞くのも楽しい。**このご主人が、今一番懸念しているのが、第3のビールへの増税。庶民の味方の**第3のビールは、2017年の税制改正大綱で、段階的に増税され、2026年をメドに、税金が350ミリリットル当たり現在の約28円から約55円と約2倍になる見通し。**ただし、約55円で統一されることになれば、逆にビールの値段は下がります。ビールを選ぶか、第3のビールを選ぶか、いずれにしても庶民のささやかな楽しみが、高嶺の花になりそうです。

また、**ビールと並んで、たばこの値上がりも続いています。**2017年4月から国産6銘柄が値上がりしましたが、さらなる値上げが2018年度の税制改正で検討されていて、10月から3年かけて1本当たり3円程度値上げしていこうという案が浮上しています。１箱５００円を超える見込みで、この際、禁煙をするという人も増えるのではないでしょうか。

今回の増税では、**電子たばこも対象となりそうです。ただ、電子たばこの場合、価格的に見れば紙巻きたばこよりも割安ですし、吸い方次第では長持ちしそう。**

もちろん電子たばこはここ数年で出てきたものですから、健康面での良し悪しについてはまだ分からない部分もありますが、経済的には節約になりそうです。

酒にしろたばこにしろ、嗜好品ということで税金をかけやすい面があり、愛飲家、愛煙家泣かせ。確実に出費が増えることになりますから、この際、控える、あるいは思い切ってやめるという選択もあるのではないでしょうか。

POINT

個人経営の酒店では、お酒を買う以外の楽しみが味わえます

8 豊かな食生活のために見守りたい「食の安全保障」の行く末

ＥＵとのＥＰＡ（経済連携協定）が、２０１７年12月に妥結しました。

焦点は、日本がチーズやワインにかける関税を撤廃する代わりに、ＥＵが日本の自動車などの関税を撤廃すること。確かに、ＥＵにとっては大きなメリットがありそうですが、日本のメリットはどこにあるのでしょうか。

日本は、自動車の関税率が10％から０％になるのがメリットと言われています。けれど、自動車はかなり現地生産になっていて、こうした車なら関税ゼロ。

一方、ＥＵのメリットとしては、チーズなどの農産品の輸出を増やせることがあります。**安い農産品は、消費者にはメリット。ただ、農家にとってはどうなのかという疑問が残ります。**実は今、大問題となっているのが、「食料の南北格差」。

みなさんの中には、開発途上国は農業国で、先進国は工業国といった間違ったイメージを持っている方はいませんか？

今の世界では、**先進国が農業国で、開発途上国が工業国**です。なぜなら、自動車は1時間に10台ずつ生産できるかもしれませんが、農産物はタネを蒔《ま》いてから収穫までに何カ月もかかります。酪農は牛などが育つまでに何年もかかります。つまり、工業製品のように一朝一夕にはできない。また、農業には技術の蓄積も必要です。

先進国にはそれができますが、開発途上国は、余裕がないのでできない。そこで、**経済的に余裕のない開発途上国は、手っ取り早く工業製品でお金を稼いでそのお金で食料を買う構図になっています。**

では、なぜ先進国にはそんなに余裕があるのかといえば、**先進国が農業国でいられるのは、農家に対して政府が莫大《ばくだい》な補助金を出しているから。**フランスの農家などは、農業収入の5~8割が政府補助と言われています。

なぜ、こんな無茶苦茶《むちゃくちゃ》な補助金を出しながらも農業を続けさせるのかといえば、世界的な食料危機に備えるため。一朝一夕にはできない農業に普段から補助金をたっぷりと出すことで、一定以上の食料を確保し、**食料危機が来ても自国民を飢えさせないため。**つまり、安全保障の一環なのです。

今は、こうしてつくられた農産品が自国で消費しきれないほどあるので積極的に輸出していますが、**もし食料危機になったら、彼らは自国民ファーストで輸出を止めます。**

国連世界食糧計画（ＷＦＰ）によれば、現時点で世界ではおよそ9人に1人が十分な食料を得られない状況だといいます。

日本でこうした状況がリアルに感じられないのは、世界中から食料を買いあさるお金があるから。けれど、**本当に食料不足になってきたら、お金より食料のほうが価値を持つ**ことでしょう。

政府は、「関税を撤廃して、日本の農業の競争力を高める」と言います。けれど、補助金漬けの海外の低価格な農産物が押し寄せてきたら、競争どころではなくなる。

特に、**政府が「競争力がある」と言う先進的な農家から潰れていく**ことでしょう。なぜなら、先進的な農業ほど、銀行からお金を借りて機械化し人を雇っているので、低価格競争でダメージを受ける。

今、自由貿易と称して、日本は「食料の安全保障」を手放すような協定を結ぼうとしていますが、それが本当に国益につながるのか。「21世紀は飢餓の時代」と言われていて、もし大きな災害や戦争などに巻き込まれて食料不足になれば、多くの人が飢えて死ぬということになりかねません。

国連が発表した世界の食料安全保障と栄養の現状に関する最新の年次報告書によると、**世界の飢餓人口は全体の人口の11％に当たる8億1500万人に達した**とのこと。食料が有り余っている日本では感じにくいかもしれませんが、**地球上では10人に1人が飢餓に直面している**という事実は認識しておいたほうがいいでしょう。

こうした状況もあり、せめて自分たちが食べる野菜くらいは、市民農園を借りるなどして自分たちで栽培するのもいいのではないでしょうか。

POINT

農産物には限りがあるという自覚を持つ！

9

「過労死しない程度に働け」で生産性は上がるのか!? 無駄な長時間労働から解放されましょう!

「日本の正社員のやりがい度は世界最下位」。世界3億人以上が利用するビジネス系SNS「LinkedIn(リンクトイン)」が、世界26カ国のユーザーに行った調査(2014年)で**「今の仕事にやりがいを感じている」と答えた日本人は、26カ国中最低**でした。

単純労働ならまだしも、同SNSのユーザーはIT技術者職が多く、高学歴でバリバリのビジネスパーソンばかり。なのに、やりがいを感じない人がいるのは、**働き方に問題がある**のでしょう。

しかも、生産性も低い。2016年にOECDが世界35カ国で行った労働生産性ランキング(時間当たり、公益財団法人日本生産本部資料)を見ると、日本は35カ国中20位。働かないで遊んでばかりいると思われているイタリアが15位、スペインが17位ですから驚いてしまいます。日本人は、イタリア人やスペイン人よりもはるかに勤勉だと思っている人が多いと思いますが、この数字を見ると、**無駄にダラダラと長時間労働をしているだけという結果**になっています。

その象徴が、無駄に長い会議。仕事とは、ゴールを決めて誰がどういう役割と責任を果たせばいいのかはっきりさせ、状況によって判断しながら目的を遂行するものですが、それをいちいち会議で決め「会議で決まったことだから」と状況が変わっても当初の方針を変えようとしない。なぜなら、会議で決まったことなら、たとえ失敗しても自分の責任ではないから。

つまり、**成果を上げることよりも少しでも失点をなくすことが先行**してしまっています。

ですから、自分の仕事が終わったらさっさと帰るなどということもできないし、権利であるはずの有給休暇や法律で決まっているはずの育児休業や介護休業なども、しっかり取ろうとすると会社での評価が下がってしまう。

結果、**無駄な長時間労働が過労死につながっていきます。**

問題は、労働時間ではなく仕事の質と効率化だということを政府も企業も認識しない限り、意欲的な仕事などできません。

ところが、今、政府の「働き方改革」を見ていると、労働時間の攻防に主軸が置かれているようです。国が告示する残業の上限は1カ月45時間、1年３６０時間。これをふまえ、労働基準法36条による36《サブロク》協定で労働組合と使用者は書面による協定を結ぶのですが、この協定には特別条項という抜け穴があります。特別条項をつけると上限がないので、これを使えば無制限に働かせることができる。

そこで「働き方改革」は、ここに時間の上限をかけようとしています。上限を設けることは必要かもしれませんが、問題は、**政府が目指している上限が、年７２０時間、月平均60時間、繁忙期は月１００時間まで認めるという方向。**

実は、**「残業時間月１００時間」というのは、厚生労働省が出している過労死認定のライン。**だとすれば、過労死しない程度までは働けということなのでしょうか。

政府の「働き方改革」を見ていると、管理職の残業代をゼロにする「高度プロフェッショナル制度」や「定額働かせ放題」と言われる「裁量労働制の拡大」など、**働く側に立った改革ではなく、雇う側に立った「働かせ方改革」**という気がします。

個人的には、こんな複雑な制度をつくるよりも、**残業代を今の2倍にすればいいのではないかと思います。**残業代を2倍支払わなくてはならないとなれば、経営者は本気で仕事の合理化やＡＩの導入など、残業を減らすためあらゆることをするはず。

その結果、社員が定時で帰れるようになれば残業代は減りますが、**副業ＯＫの企業も増えてきていますので、リストラなどの危機に陥っても副業で稼いで食べていけます。**

残業代をバカ高くして残業そのものがなくなったのがデンマーク。「世界一幸せな国」と言われていますが、日本も見習ったほうがいいでしょう。

いくら収入があっても、自由になる時間を持てないのでは意味がありません。自分なりの働き方改革で趣味の時間を見つけるなどして、引退後の生活に備えましょう。

POINT

政府の「働き方改革に」に振り回されないように！

10 働き方はどんどん変化します！受け入れられる柔軟性を持つことが大事

「政府の働き方改革はおかしい。問題は、労働時間ではなく仕事の質と効率化」と私は考えていますが、そうは言っても現状では難しいという声も聞こえてきます。

確かに、それはありますが、ただトップの決断次第でできる。

例えば、カルビーという、誰もが知っている日本のお菓子のトップメーカーがあります。かつて**1～2％台だった企業収益率を10％台まで引き上げた**のが、２００９年に代表取締役会長兼ＣＥＯに就任した松本晃氏。その松本会長が提唱しているのが、**「ノーミーティング・ノーメモ」**。会議不要、資料不要というものです。

組織というのは、放っておくと会議が増え、その会議のために膨大な資料をつくるようになり、1円の利益も生まないこうした仕事で社員がきりきり舞いして、創造的な仕事ができなくなる。だから、会議などやらない。やるとして、Ａ4で1枚程度の簡単なメモを配る。それをもとに、詳しい内容はすべて担当者が口頭で説明する。**口**

で説明してみんなの頭に残らないようなことは、ほとんどろくでもないことなので忘れたほうがいいと言います。大切なのは、簡潔に具体的に伝えること。簡潔で具体的なら聞くほうも飽きないから。

確かに、昼食後にダラダラ続く会議などは半分が居眠りしています。また、過去のデータを山のように積み上げるのも無意味。それは、過去が参考にならないほど現在が流動的だからだそう。

必要もない定例会のために、優秀な部下にくだらない会議資料を山のようにつくらせることを防ぐために、松本会長は**在宅ワーク**を勧めています。**成果さえ出せば、どこで働いてもＯＫ**という松本会長の方針で、カルビーは２０１６年３月期に10年前と比べて売上高２・５倍、営業利益10倍に。かっぱえびせんではないけれど、成長が「やめられない、とまらない」状況です。

こうした働き方を異質に思う方も多いかもしれません。なぜなら、会議もなく会社に出社しなくてもよく、成果さえ出せば何をしていてもいいというのでは、会社の体をなさなくなる気がするから。

けれど私は、**20年経ったら、このスタイルが当たり前の働き方になっている**と思います。なぜなら、これから20年後に会社を担うのは、Ｗｉｎｄｏｗｓ95と同じ時期に生まれ、空気を吸うようにインターネットを使いこなす今の20代だからです。そして、仕事は完全にネットに移行している。

経営学者のピーター・ドラッカーが自著『マネジメント』で、**「組織は階層が少ないほどいい」**と言っていますが、**インターネットという組織をフラット化させるツールが仕事の基本になると、組織は横広がりに**なります。

ネットの世界では、すでに世界１８０カ国、８００万人が登録するクラウドソーシングで、多くの人が働いています。

また、地方に増えているＩＴ企業のサテライトオフィスでは、ネットで仕事をやりとりし、必要な時だけ電話会議。通勤ラッシュも、社内の嫌な人間関係もない。イギリス、オックスフォード大学の研究では、**今後10〜20年でアメリカの７０２業種の半分がコンピューターに取って代わられる**といいますが、そうなると、仕事の評価は時間ではなく、完全に質と効率になっているでしょう。

世の中は、日進月歩で進んでいます。

今から約20年前は、パソコン普及率が15％ほどで、ほとんどの人が「パソコンって、何？」という状況でした。けれど、１９９５年にＷｉｎｄｏｗｓ95が発売され、瞬く間に多くの人がパソコンを使うようになり、今ではＡｍａｚｏｎやＹａｈｏｏ！、楽天などで、日常的に買い物をしています。

だとしたら、20年後、**パソコンを日常生活で当たり前に利用しながら育ってきた今の20代が社会の中枢を担うようになれば、働き方の仕組みも劇的に変わっているはずです。**

型にはまらず、働き方の変化を受け止められる柔軟性を持っていたいですね。

POINT

長い会議と膨大な資料は役に立たないと認識する！

11 少子化はデメリットだけではない!? 必要なのは子どもの数に合わせた柔軟な政策

少子化が進んでいるはずなのに、大阪市中心部で小学校の教室が足りなくなるという珍現象が起きています。**少子化で学校の統廃合が進み、その廃校跡地にタワーマンションが建って人口が一気に増え、皮肉なことにそこに住む子どもたちを収容しきれなくなる可能性**が出てきたのです。

そこで大阪市では、それまでの学校区内での出生数だけでなく、マンションの立地状況などからの転入を考慮した児童数を予想することに。

また、中心部の小学校は高層化して収容人数を増やすけれど、児童数が再び減った時に備えて、建物は他の公共施設にも転用できるようにつくるのだそうです。

42歳の若い市長がトップなので、役所も柔軟な対応ができるようになったのかもしれません。少子化対策といえば、今までの国の対策は、「産めよ増やせよ」の一本やり。でも、働く女性が子どもを預けられず、しかも教育費がべらぼうに高い日本では、ためらう人が多いのは当然です。

いまや国立大学でも卒業するまでに１人６００万円近くかかる時代。私立だと、もっと高い。**大学を卒業した人の半分以上が奨学金を背負っていて、社会人になった時点でまずその奨学金を返済しなくてはいけないのでは、給料が上がらない中で、結婚、出産どころではないでしょう。**

しかも働く女性の中には、出産で仕事を辞めると、生活レベルが下がるので、それを不安に思う人が少なくない。たぶん、フランスのように大学までの授業料がすべて無料で、育児インフラが提供されて国がしっかり守ってくれるなら産みたい女性は多いはず。

しかもフランスは、事実婚も多いですが、相手の戸籍に入っていない子どもでも差別されることはありません。戸籍に入っている子どもたちと同じように、教育をはじめとした権利を与えられています。なぜなら、**子どもは親の所有物ではなく、将来、国を背負っていく社会の宝だという発想がある**からです。

けれどいま日本では、そんな政策はとても期待できません。だとしたら、**いっそ発**

想を変えて、「少子化で何が悪い！」と開き直ってはどうでしょう。

少子化で生産人口が減るのですから、そのぶんＩＴの技術革新を進めましょう。エイチ・アイ・エス（Ｈ・Ｉ・Ｓ）グループのホテル事業会社Ｈ・Ｉ・Ｓホテルホールディングスがハウステンボスで経営している「変なホテル」のように、**10人分の仕事の7割をロボットがこなせば働く人は3割でも足ります。**ロボットは人間よりランニングコストは安いので、そのぶん人間の給料を上げることができます。また、こうした日本のＩＴ技術力を海外に輸出すれば、外貨も稼げます。

ただし、間違っても安易に移民を入れて補おうなどとは考えないこと。**移民は単なる労働力ではなく、受け入れる以上は日本の社会として彼らの基本的人権を認めなくてはなりません。**そうなると、今ある法律で彼らを守り、将来的には年金も支給していかなくてはいけないでしょう。その上で、日本で働いてもらうという対応が、今の政府にできるのかは疑問です。将来の社会保障が大変になることも考えておくべきです。

また、日本は資源に乏しいので食料もエネルギーも海外から買わなくてはならない。

けれど、少子化が進めば、買う額が減り、食料自給率も相対的にアップするかもしれません。ちなみに、スウェーデンでは、少子化が進むと二酸化炭素の排出量が減るので地球温暖化が防げるという研究結果が出ています。

それでも、**少子化になると国力が衰えることは確か。国の税収も落ちます。第一、子どもが育たないと、管理職ばかりが増えてしまった最悪の会社のように社会が逆ピラミッドになってしまいます。**

それを防ぐには、少子化になってもいいようにＩＴ化を進める一方で、子どもを増やす環境づくり、つまり働く女性が子育てしやすい社会をつくるしかない。

大阪市のように、増えても減ってもやっていける政策が必要です。

POINT

少子化対策を国任せにせず、自分たちでもできることを考えましょう

12 自分は今、老いのどの段階にいるのか 常に自覚を持つことで死への覚悟ができる

「自分が死ぬ時の覚悟、できていますか?」

今、老後の本を書くために、さまざまな介護施設を取材しています。その中で、福岡県太宰府市にある有料老人ホーム「アクラス五条」の施設運営者・吉松泰子社長に、**「死の覚悟」**を問われました。

「みんな、自分が死ぬと思わないので、死を覚悟できない。でも、**死ぬ覚悟がないと、よりよく生きられないし、死が不安で怖くていたたまれなくなる。**人間誰でも、老いて死にます。けれど、それがどういうことか分かって、それに備えて自分はどう生きようか考えてあれば、やたらと不安に苛《さいな》まれて嘆かなくて済みます。**死ぬその時まで笑って生きられる。そのためにも、死ぬ覚悟は必要**です」

吉松さんは、今は、老いと病気が混同されすぎていると言います。

老いは自然なことで、耳が聞こえにくくなるし、目もかすむ。それは病気ではなく

死ぬ準備。

その老いを受け止めながら、残りの人生を自分らしく生きなくてはいけないのに、老いと病気と混同するがために、それを治療で何とかしようとする。こうした考え方は間違っていると彼女は言います。

「年を取ったら、さまざまなことが思ったようにならず不安になる。しかも、実際に**要介護1になると服のボタンが留められなくなり、要介護2になると外出できなくなる。要介護3以降は、モノが食べられなくなったり寝たきりになったりする。**そうやって、人間の身体は徐々に弱っていきますが、そのたびに嘆き悲しんでいては、最後の死ぬ時まで悲しい人生になってしまう。だから、まず老いるということを知って、自分は今どの段階にいるのか、これからどうなるのか見定め、最悪の場合の覚悟をしておくことが大切なのです」

吉松さんの言葉は力強く、一言一言が心に響きます。なぜなら、彼女自身が死と向き合う覚悟をし続けた人生だからです。

28歳の時に、最初にがんを発症し、昨年までに9回のがん手術を経て現在に至っている吉松さん。そんな中、負けずに35歳で看護師資格を取って52歳まで現役の看護師として活躍。10年前、自分が理想とする介護を目指して「アクラス五条」をオープンしました。

その後、住宅型有料老人ホームやサービス付き高齢者向け住宅などを次々と立ち上げました。そして２０１４年には、従来の老人ホームのような介護の枠にはまった施設ではなく、**地域と交流しながら子どもから老人までが自分の家のように近所付き合いして集える**ことを目的とした「アクラスタウン」が、「リビング・オブ・ザ・イヤー２０１４」でグランプリを受賞しました。

彼女が目指す介護は、**自尊心を尊重する介護**。自分でできることは自分でする。できないことは手助けしてもらうが、**介護する側とされる側はあくまでも対等**。徘徊《はいかい》するからベッドに縛りつけておくのではなく、徘徊理由を一緒に考え、徘徊しなくても満足できる環境をつくってあげる介護。

時間に従って行動させるのではなく、介護される側が決めた時間にみんなが合わせる家族的介護。**施設は、介護する側もされる側も笑顔でいられる、家のように安心す**

る場所。

死ぬまで、自分らしさを持ち続けた生き方をしてほしい。自分は、その手助けをして終わりたい。それが、天命なのだと語ります。

そこには、夫をみとり、父親をみとり、自らも満身創痍《そうい》の中で懸命に生きてきた吉松さん自身の、死への覚悟がありました。

隣に「死」があるから、今日一日をしっかりと生きよう。そう思いながら人生をまっとうできるというのは、素晴らしいことです。

人間、誰でも必ず死を迎えますから、**生きている間にどれだけ充実した時間を過ごせたか**ということが、その人の人生の重みになるのでしょう。彼女の言葉を聞きながら、私自身、なんとなく生きてしまっていることを深く反省しました。

POINT

老いは病気ではなく自然なこと
必要以上に不安がらず生きていきましょう

著者紹介　荻原博子　おぎわら・ひろこ

1954年、長野県生まれ。経済ジャーナリスト。経済事務所に勤務後、1982年にフリーの経済ジャーナリストとして独立。難しい経済と複雑なお金の仕組みをわかりやすく解説。早くからデフレ経済の長期化を予測し、家計のスリム化や現金の重要さ、ローンの危うさを説き続ける。「サンデー毎日」をはじめ数多くの雑誌、新聞に連載中。テレビ、ラジオでもレギュラーを持ち、一貫して、庶民の視点で生活に根ざした独自の〝家計論〟を展開している。著書に『投資なんか、おやめなさい』(新潮新書)、『老前破産　年金支給70歳時代のお金サバイバル』(朝日新書)、『荻原博子のハッピー老後　貯金ゼロでも大丈夫!』(毎日新聞出版)など多数。

荻原博子《おぎわらひろこ》のグレート老後《ろうご》
人生《じんせい》100年時代《ねんじだい》の節約術《せつやくじゅつ》

印刷　2018年3月5日
発行　2018年3月20日

著者　荻原博子《おぎわらひろこ》
発行人　黒川昭良
発行所　毎日新聞出版
〒102-0074　東京都千代田区九段南1-6-17　千代田会館5階
営業本部:03(6265)6941
図書第二編集部:03(6265)6746

印刷・製本　図書印刷